# 明治の遊郭が転業した宿

釘を使わない伝統的和風建築。二股に分かれるY字型の階段や空中回廊などに遊郭らしい華やかさが感じられる

## 青森県八戸市 新むつ旅館

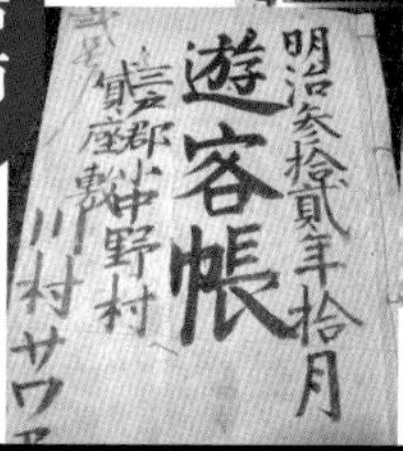


宿泊客に公開されている「遊客帳」

# 共同浴場に通う湯治宿

450年以上の歴史を誇る温湯《ぬるゆ》温泉に建つ大正初期の木造2階建て

## 青森県黒石市 飯塚旅館

玄関先に提げられた「こけし型」の提灯が目印

客室はシンプルながら床の間の造りは歴史を感じさせる

先代が自分好みに造作した
館内は至る所に細工が光る

岩手県遠野市
福山荘

戦後の建築とは思えないレトロモダンな造り

## 民話の町に建つ古格あふれる旅館

岩手県花巻市
藤三旅館

昭和16年に建築された
ケヤキ造りの3階建て。
現在は外観がリフォー
ムされている

## 湯治宿そのままの鉛温泉湯治部

静岡県伊豆市
白壁荘

井上靖や若山牧水をはじめ多くの文化人に愛された湯ヶ島温泉を代表する宿

## 名曲「天城越え」が生まれた宿

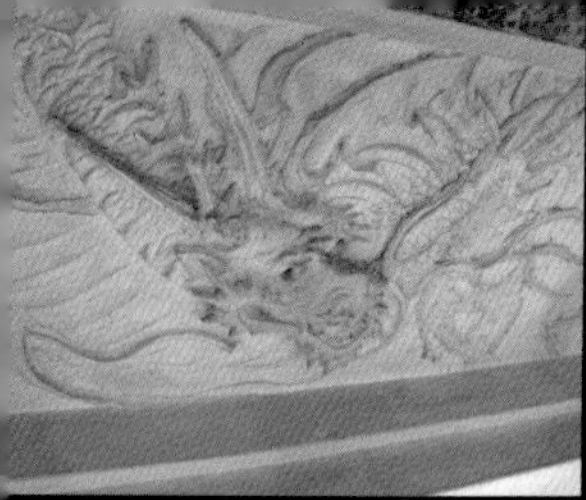

窓枠や欄間部分に"鏝《こて》絵"が点在

静岡県松崎町
山光荘

つげ義春の
漫画で知られる
"長八の宿"

伝説的"鏝絵師"入江長八の作品があるため「長八の間」と名付けられている

西伊豆の
高台に建つ
食事自慢
の宿

静岡県松崎町
民宿 大清水

高台からの眺望はバツグン

新鮮な地魚をメインに
食べきれないほどの品数豊富な夕食

三重県伊賀市
薫楽荘

時代を感じさせる手の込んだ細工の数々が“ボロ宿”好きを呼び寄せる

襖や欄間の細工も見事な雰囲気満点の客室

# 忍者の里で 百年の歴史を刻む宿

# 美人女将が切り盛りする 明治20年創業の宿

三重県鳥羽市
旅館 海月

船大工で棟梁だった初代が建てた船宿が前身。外観はホテルのように変わったが、館内には伝統のおもてなしが息づいている

二間続きの広々とした客間や海の見える眺めのいい大浴場

三重県伊勢市
星出館

# 外国人客に人気の大正レトロな町宿

飾り障子などに手の込んだ
細工が施された客室

優雅な曲線を描く唐破風《からはふ》造りの屋根が
建物に華やかさを添えている

中庭を囲んで回廊が巡らされた2階

鳥取県智頭町
河内屋旅館

# 三代家光の時代から続く宿場町の宿

建物の造りや調度品から
長い歴史が窺える

上方へ向かう主要道「智頭往来《ちづおうらい》」
の宿場町・智頭に建つ

# どの観光地にも便利な立地の町宿

島根県出雲市
持田屋旅館

古いながら整えられた館内

欄間や障子などの造りに歴史を感じる

# 絶品ラーメンがオススメの駅前旅館

広島県尾道市
佐藤旅館

駅から歩いて4分の好立地。
遠くからでも目立つ木造3階建て

なぜか懐かしさを感じさせる客室

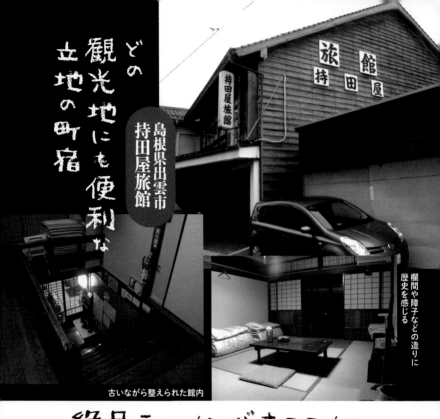

鳥取県境港市
かぐら旅館

シンプルで清潔な客室(右)。駅から徒歩5分。メインストリートに建つビジネス旅館(左)

# 水木ロードに超然と建つ プロフェッショナルな宿

熊本県八代市
新湯旅館

大正時代に建築された風情ある木造3階建て(右)。2槽に分かれた浴槽は温かい方からぬるい方へお湯が流れるシステム(左)

# 山頭火が通い詰めた温泉街の宿

鹿児島県出水市
旭屋旅館

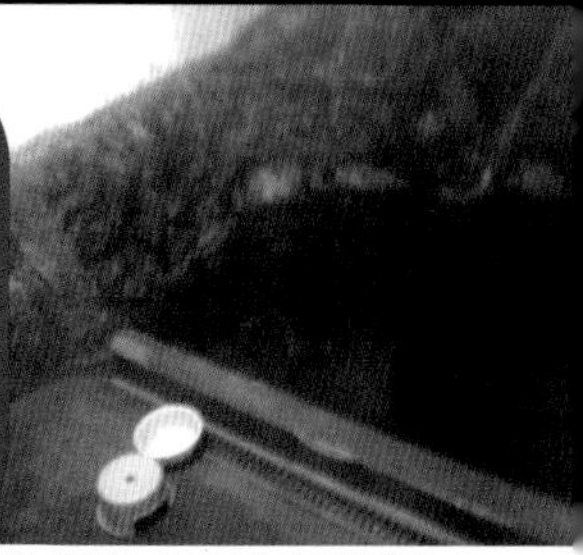

岩をくり抜いたワイルドな浴槽の底から自噴する源泉かけ流し

見るからに古いが、それを補ってあまりある温泉が人気

秘湯

# 白《しら》木《き》川《がわ》内《ち》温泉のおすすめボロ宿

# 明治の息吹を残す登録有形文化財の宿

## 青森県弘前市 石場旅館

明治12年、小間物屋と旅籠を兼ねた店舗として開業された石場旅館。破風造りの玄関と、黒塗りの付け梁、白い漆喰が城下町らしい風情を感じさせる手の入った建物

よく見れば何気ない桟《さん》にも手の込んだ細工が施されてる(下)

# 料理屋としても有名な旅人宿

## 秋田県角館町 高橋旅館

古くは行商人で繁盛し、90年ほどの歴史を持つ。1階の「じん市」は息子さん夫婦経営の有名料亭(左)。外出から戻ってくるとコタツが温もっている気配り(下)

# 気仙沼街道の宿場町に建つ商人宿

## 岩手県千厩町 勢登屋旅館

素通しのガラス戸が懐かしい

宿の前を一関と気仙沼をつなぐ「気仙沼街道」が走る。古くから馬産地として栄え、千の厩（うまや）があったことから「千厩」と名付けられたという

# 大正ロマンあふれる木造商家建築の宿

## 山形県酒田市 最上屋旅館

昭和レトロな部屋

雰囲気たっぷりの木造3階建て。欄間の細工はかなり手の込んだしつらえ

刺身や鍋が付いたおいしい夕食

## 宮城県東鳴子温泉 まるみや旅館

# 薬効豊かな源泉を掛け流す自炊専門の湯治宿

湯治場風情を感じる落ち着いた建物

ファミリー向けの部屋。自炊しなくとも定食や寿司、麺類などの出前が取れる

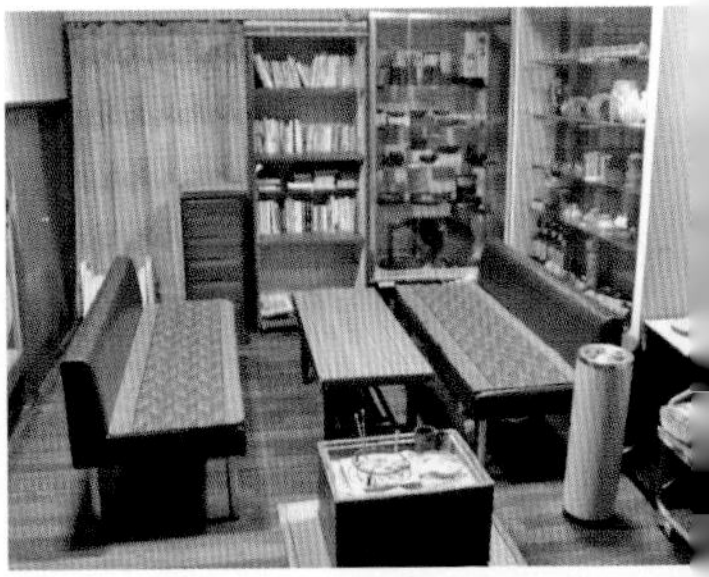

美肌の湯が使われている男女別の内湯。混浴の大浴場も完備。長逗留でも退屈しないよう蔵書や談話室も

# 大きなお風呂と最新設備のアットホームな宿

## 秋田県能代市 民宿水月

2007年に新築された客室29の宿

新しくて清潔な部屋はもちろん、
広々とした大浴場が嬉しい

# 古き良き昭和にタイムスリップできる温泉宿

## 埼玉県寄居町 山崎屋旅館

大正期に建てられた母屋を昭和に入って増築

部屋の調度は年季が入っていて良い雰囲気

## 創業明治8年! 食堂兼業の格式ある旅館

## 静岡県熱海市 福島屋旅館

広い脱衣所がまさに昭和の銭湯のよう。湯船も大きく掃除が行き届いているお風呂。源泉掛け流しだ

坂の途中に建つ福島屋。大正期の建物は昭和19年の大火で焼失し、現存の宿はその後、建てられたもの

昭和テイストが詰まった角部屋

**埼玉県秩父市**
**民宿みたけ**

食堂も兼業しているためか、自家栽培の野菜や地物の素材を使った夕食はボリューム満点

秩父御岳山の登山口に近く、登山やハイキング客が多い

## 秩父往還《おうかん》に面した素朴な民宿

**神奈川県小田原市**
**日乃出旅館**

建物は関東大震災以前のもの。旅館としてはもちろん、現在はアート系のイベント会場としても地元では知られている

現在は素泊まりのみの営業で、運が良ければ二間付きの立派な部屋に泊まれるかも(上)。掃除が行き届いた清潔で気持ちのいいお風呂(左)

## 築90年の洗練された和風旅館

滋賀県大津市
ホテル大津

ラブホテルだった建物をビジネスホテルに転業した異色の宿。「デラックスダブル」の部屋は、エクストラベッドが付き通常のビジネスホテルより広め

## ゴージャス系
## ラブホを改装した
## ペンションホテル

## 昭和9年創業。
## 寿司屋を兼ねる
## 老舗旅館

一見、普通の家に思える外観だが、リフォームされた玄関を入ると、いかにも昔の旅館の雰囲気でわくわく

鳥取県鳥取市
旅館 常天

# 美人女将のいる歴史ある商人宿

## 秋田県横手市 尾張屋旅館

清潔に整えられた共同設備。お風呂もかなりの大きさ

出窓などにモダンな雰囲気が漂う外観

## 滋賀県長浜市 三谷旅館

町並みに溶け込んだ風情ある外観

# 黒壁の風情ある通りに受け継がれる町家旅館

入り口に小さな座敷がある二間続きの部屋。
2011年にリフォームし、水回りは最新設備の和モダンな雰囲気に

# 愛媛県今治市 ビジネス旅館笑福

いかにもビジネス旅館らしい簡素な建物

一人客なのに大きな部屋に通されてびっくり

## 港街に建つ飾り気のない旅館

安い宿泊費と釣り合っていない豪華な食事

食堂。当日のお客は少なかったが、普段は混雑しているに違いない

# 登録有形文化財になった津山で最も古い宿

岡山県津山市
あけぼの旅館

津山に現存する旅館の中では最も古い「あけぼの旅館」。建物の作りからも歴史を感じる

館内には時代を感じさせる屏風絵などの造形品が飾られている

御宿帳
津山の宿
あけぼの

女将さんに案内された部屋には宿帳が

温かみがあって落ち着く和室

あけぼの旅館
Akebono Inn
黎明旅館
아케보노료칸
建物は明治初期の建築と考えられ、津山市内に現存する旅館の中では最も古いものです。創業当時は、東西の表通りの南に面して唐破風の門があり、玄関部分の上には百畳敷きの大広間一室でした。現在この部分は失われていますが、明治時代の格式ある旅館の持つ数寄屋風書院造の特徴をよく残しています。明治40年8月13日には、乃木希典夫婦が宿泊したことが宿帳に記されています。
平成22年 津山市

津山市が建てた、宿の由来を記した看板

風情のある中庭

# 改訂版に向けて

最初にブログの記事をベースに「日本ボロ宿紀行」が鉄人社さんから書籍化されたのが、2011年でした。その後文庫化されたり、テレビやラジオの番組に呼ばれたり、書籍が原案となったテレビドラマ「日本ボロ宿紀行」が2019年に放映されたりと、本の出版をきっかけに、さまざまなことが起こりました。

あくまでも自分の偏屈な趣味として、出張のついでに古くて魅力あるさまざまな宿と出会い、泊まり歩いてきたわけです。しかし意外に出版の反響が大きく、想像もできなかったような広がりを持ち始めました。同じような趣味の人からブログにコメントをもらったり、泊まったボロ宿のご主人が本を読んでいて、「やっとうちにも来たか」といわれたり、「本を読んで泊まりに行ってみた」といった記事をSNSなどで見かけるようなこともありました。

その過程は自分でも意外で、おもしろさも感じていたのですが、自分自身が忙しさにかまけてブログ更新を滞らせている間に、コロナ禍が発生。旅行や人の移動が制約されるような状況になるとは、まったく想像もできないことでした。

今回、改訂版を発行したいというお話をいただき、当時のことを振り返ってみると、予約もせず、マスクもせずに気まぐれにいろんなところを宿探ししながら歩いていたことを、懐かしい感じで思い出します。当時からすでに限界営業というか、かなり古かった宿が多いので、その後やめてしまったという話も聞きます。そんなわけで今回の改訂版が実際の旅行に役立つのかどうか、正直なところわかりません。ただコロナによる制約もだいぶ緩和されてきたようです。改訂版を読んだ方の〝旅心〟が改めて刺激され、ふと旅行に行ってみようか、と思っていただけるなら幸いだと思います。

2023年1月　上明戸 聡

# はじめに――〝ボロ宿〟に惹かれて

いつの頃からか〝ボロ宿〟に憧れ、わざわざ訪ねて旅をするようになっていました。この場合の〝ボロ宿〟は、決して悪口ではありません。歴史的価値のある宿から古い安宿までをひっくるめ、愛情を込めて〝ボロ宿〟と呼んでいます。私にとっては最高の褒め言葉なのです。

仕事柄、地方に出張に出ることも多く、いつも古い商人宿やひなびた湯治宿を探してしまいます。子供の頃、読んだつげ義春《よしはる》の漫画の影響もあるかもしれません。旅行が好きなのであちこち出かけたいけれど、お金がないので安い宿を探す。そういうことから〝ボロ〟宿と出会ってきた面もあります。

民俗学者である宮本常一《みやもとつねいち》の本などを読んでみても、日本独特の宿文化が平安の昔から続いてきたことがわかります。しかし、大戦や高度経済成長を経て古き良き宿文化は失われ、残っているのはそのわずかな名残なのかもしれません。

なぜ好きなのか？　聞かれても言葉では上手く説明できません。強いて言えば消えゆくものへの郷愁でしょうか。昔ながらの営業を続けている宿を見ると、たまらない魅力を感じてしまうのです。

実際に旅をしていると、古い建物なのに内部を近代化したキレイで快適な宿もあれば、見たまんま設備も古く、時代に取り残されたような宿もあります。不便な山奥にさびれた温泉宿があれば、街中には古い駅前旅館があり、それぞれにいい味を持っています。

そういう〝ボロ宿〟は、10年、20年前ならもっと数多く残っていたかもしれません。私が探し歩いている間にもどんどん消えていってしまったのでしょう。今後もより一層、姿を消していくに違いありません。それでもいまなら、10年後、20年後に比べまだまだ多くの貴重な宿が残っているのだと信じ訪ね続けています。

どうせなら記録として残そうとブログをスタートしたのが２００９年の10月。しばらくすると意外なほど反響があり、２０１０年9月にライブドアがブロガーを金銭面や技術面でサポートしてくれる「ブログ奨学金」の受給者に選ばれてしまったのです。自分が思っていた以上に、古い物や風情を大切に思う人がいるのだと自信も出てきました。その頃から雑誌やテレビの取材もちらほらされるようになり、２０１１年5月に書籍化が実現、そのあとは文庫にもなりました。

少し時間が経っているうえ、東北や熊本では大きな災害がありましたが、私が泊まった当時のまま紹介しています。営業形態が変わった宿などは、追記を加えております。

２０１７年8月　　上明戸　聡

改訂版 日本ボロ宿紀行◉目次

改訂版

# 日本ボロ宿紀行

Travels to Raggedy Inns in Japan

上明戸 聡

TETSUJINSYA

第一章

# 昔の姿を残す青森の湯治宿

## 明治時代の遊廓がそのまま旅館に

八戸《はちのへ》に出かけたのは2009年も押し迫った頃でした。ほど近い青森県十和田《とわだ》市の出身なので何度も行ってはいるのに、街を歩いたり泊まったりした記憶はなく、とくに思い入れもありません。昔、放映されていたJRのCMで、吉永小百合《よしながさゆり》が八戸の横丁を巡るシーンを思い出して、なんとなく行きたいと思ったのです。

初日の宿は『新むつ旅館』に決めていました。夕方、本八戸《ほんはちのへ》駅からタクシーに乗車。運転手さんによると、宿の周辺エリアは昔の漁師さんたちが遊んだ花街だったとのこと。今は住宅地になっているものの、古い建物もかなり残っているそうです。

雪はほとんどありませんが冷え込んでいて、早くお風呂に入りたい気分でした。

旅館は八戸線の小中野《こなかの》駅と陸奥湊《むつみなと》駅の中間くらいにありました。明治31年創業の遊廓『新陸奥楼《しんむつろう》』が戦後に転業したもので、木造2階建ての随所に遊廓（正確には芸者もいる「貸し座敷業」という業態）らしき雰囲気が残っています。外壁などはだいぶ傷んでいますが、建物は登録有形文化財とのことです。

玄関を入ると広い土間があり、奥のあがりに続く柱や床板は黒光りしていました。Y字型に分かれる凝った造りの階段もあり、まるで映画のセットのような雰囲気です。一歩足を踏み入れた瞬間、嬉しくなりました。実際に映画のロケも行われたことがあるそうです。

到着前に「これからタクシーに乗る」と電話してあったので、女将がすぐに出てきて案内してくれました。2階には、吹き抜けの上を渡るような形で空中廊下が造られています。ここで夜ごと、芸者を巡る男性客たちのさや当てが繰り広げられていたのでしょうか。

通された部屋も二間併せて14畳くらいの広さで、中庭が見える広縁付き。古いながら贅沢な造りです。

さっそく館内を探検してみると、まるで迷路のようになっており、部屋の裏にあった階段を下りてみたところ、食堂に続く廊下につながっていました。思わぬところで意外な場所につながっているのがおもしろく、明治という時代を感じました。

〝ボロ宿〟を求めて訪ね歩いていますが、こういう旅館はどんなに古くても〝歴史的宿〟と言うべきでしょう。価値ある古い部屋に、今でも普通に宿泊できるというのは本当に貴重なことだと思います。

食事前にお風呂に入れさせてもらいました。温泉ではなく普通の近代的な設備が整った浴場で、夕食は厨房につながっている食事部屋でとります。八戸だけに魚介類がおいしく、イカは刺身やぬた、ゲソ揚げなどいろいろ出ました。

築100年を越えた今も明治の雰囲気を偲ばせる『新むつ旅館』

## 17才で登楼した客は『中肉中丈、目鼻尋常』

食事時に女将さんが、宿の歴史などをいろいろ教えてくれました。明治時代の遊廓から、戦中、そして戦後売春が禁止された後も、紆余曲折があったようです。女将さんは土地の人ではなく、この周辺が昔は「小中野新地」という花街だったことも嫁に来るまで知らなかったのだとか。

風格も風情もある立派な建物ですが、維持していくのはなかなか大変です。弱ってきた土台の補強にかなりの費用が嵩《かさ》むため、募金なども行ったそうです。

「ここにきた時は、蔵や土間の台所なども残っていたんですが、改造してしまいました。価値がよくわかっていなかったんですよね」

女将さんは残念がっていましたが、外観や客室など、建物の主要部分は明治時代のままで、現在でも十分に価値があります。古い建物を維持していく苦労は、持ち主にしかわからないところです。たまに訪問する宿泊客の目には風情と感じられる部分も、実際の生活には不便な面が多いのかもしれません。

「うちは大部屋だし、冬は寒いので嫌がられるんですよ」

以前はお得意さんだったスポーツ遠征のグループや団体客も、最近は合理的で個室が確保できるホテルに移ってしまったと女将さん。商売上はそういう団体がいいのでしょうが、価値がわからない子ども《クソガキ》たちを泊めるのはもったいない気もしました。

女将さんの話がおもしろいので、聞きながらビールを2本、熱燗を1本飲んだのですが、それでも足りずもう1本熱燗を頼んでしまいました。

旅館正面の破風《はふ》造りの屋根にも手の込んだ細工が施されている

磨き込まれた床や立派な梁が目を引く玄関

魚介中心の夕食。開業当時より使われている陶器でおもてなし

宿泊客に遊廓時代の遊客帳が公開されており、客の人相《にんそう》や服装、支払った費用、敵娼《あいかた》の名前などが記録されています。中を見ると、鮫村の西×万次郎さんは、当時17才で登楼しており、中肉中背で、目鼻は普通であったなどと書かれています。こんな貴重な資料を気軽に客に触らせてもいいのかと心配になりますが、その辺はおおらかです。

女将は「近所にも客として来ていた人の家が残っていて、ときにはそんな話が出ることもある」と言っていました。いくら現在それなりの地位に就いていても、その父親や祖父がどの敵娼に入れ込んでいたかなどわかってしまうわけです。昔のこととはいえ、ちょっと気まずいこともあるかもしれません。

## 明治の男たちを喜ばせた贅沢な造り

この日、宿泊客は私だけだったので、朝方ほかの部屋も探検してみました。同じ棟の2階には4部屋あり、そのうち1部屋は布団部屋。あとは6畳1部屋と、続き間の20畳くらいの広い部屋がありました。

細部をよく見ると、折り鶴型の釘隠しがあったり、窓の格子や戸袋、屋根の細工や飾りなども凄く凝っていて、本当に贅沢な造りだったことがわかります。

玄関の破風《はふ》屋根は戦後のものだそうですが、建物正面の細工なども凝ったもの。古くなってわかりにくくなっていますが、遊廓時代は艶やかで、遊客から見ればウキウキするような外観だったのではないでしょうか。全体として非常にいい雰囲気の建物です。

朝、女将さんの言葉に甘え、車で吉永小百合も訪ねたという朝市開催地「陸奥湊駅前の市場通り」まで送ってもらいました。この日は年の瀬も押し迫っていたので、買い出し客で賑わっていましたが、女将さんによれば、昔はいつもこれくらい人出があったとか。やはり市場通りも衰退傾向にあるようです。

それでも駅前の通りには公営の共同市場などもあり、活気に溢れていました。天麩羅付きの立ち食い蕎麦もやっていましたが、朝食後で食べられなかったのが残念です。

付近は町のメインストリートのせいか、食堂や商店などが点在し、『旅館 大洋荘』というソソられる〝ボロ宿〟もありました。しかし今回は外観の見学だけ。建物は古くてもきちんと営業し、機能しているようなので嬉しくなりました。

陸奥湊の駅周辺には古い佇まいが随所に残っており、陸奥湊駅から八戸線沿線をじっくり回ったらおもしろいだろうと思います。

鶴の細工の釘隠し。館内には鶴のモチーフが多い

## ストーブ列車専用酒とおっちゃんの話で温まる

八戸行きから間もなく、津軽《つがる》方面に行く用事ができました。2010年2月のことです。この機会に、前々

陸奥湊駅前通りの公共市場

泊まりたかった『旅館 大洋荘』。現在は閉館

から気になっていた『音治郎温泉《おとじろう》』（現・音次郎温泉）に泊まってみようと思い立ちました。

当日は青森空港まで行き、シャトルバスで五所川原《ごしょがわら》駅へ。気温が当季最低というくらい寒い日で、その分、雪は少ないようでした。

暮れに八戸に行った時も寒いと思いましたが、その時の比ではありません。五所川原駅に着き、あまりの寂れ方にショックを受けながらもお昼を食べる店を探すと、ありました。「平凡食堂」（※）。お腹が空いてなくても入ってみたいボロ食堂です。

じいちゃんがひとりでやっている店なのにメニューは豊富で、観光客らしき客がひとり、むすっとした顔で鍋焼きうどんか何かを食べてました。私は旅に出ると、何故か食べたくなるラーメンにしました。さほど期待してなかったのですが、じいちゃんのラーメンは非常にさっぱりした昔風の味で、本当においしかったです。

元気が出たので津軽鉄道のストーブ列車に乗ってみることにしました。噂には聞いたことがあっても手順がわからず、とりあえず津軽五所川原の駅へ。すると待合室にいたおっちゃんが「今出たばっかりで、次は1時間ちょっと後になる」と教えてくれました（本当は津軽弁）。

空港からのバスで一緒だった千葉県在住の女性はちゃんと計画を立て、津軽鉄道の時刻表まで用意していたのに乗り遅れてしまったとか。飛行機が大幅に遅れてしまったからです。

おっちゃんによると「金木《かなぎ》駅までタクシーで行けば、帰りにストーブ列車に乗れる。そういう人も多い」とのことなので悩みました。もしその案で行くとしたら、千葉の女性と相乗りすれば料金は安くあがるわけで、何となくどうする？　というムードでしたが、私も彼女も別に急ぐ旅でもなく、結局、次の列車まで時間つぶしをして待ちました。

津軽鉄道や斜陽館の話は本題ではないので端折るとして、列車の中では、ワゴン販売のおっちゃんがやってきました。このおっちゃんが凄く営業上手。「今の時期はストーブ列車で観光客もくるけど、とにかく赤字なので大変なんですよ。スルメもお酒もありますからどうです？」

私はラーメンを食べたばかりなので断ったのですが、「吉幾三《よしいくぞう》の出身地はこの辺だ」とか「よく選挙に出てる羽柴秀吉さん（15年死去）の家がこの先に見えるけど、大富豪なのでお城みたいな家だ」などと話しかけてきます。その挙げ句、「この酒は新発売されたばかりのストーブ列車専用酒なので味見をしてみたらどうか」と迫られたので、せっかくなので買ってみました。

でもこれが結構おいしいお酒で、スルメを買った客には手際よくおっちゃんが焼いてあげていました。

※平凡食堂＝現在は残念ながら閉店

津軽の冬の風物詩「ストーブ列車」

## 工事のおっちゃんたちの温泉パラダイス

時間はまだ早かったのですが、温まりたいと思い『音治郎温泉』に向かいました。

ここは温泉銭湯に宿泊施設が併設されている宿です。夕方になると近所から銭湯として通ってくる客がほとんどで、宿泊施設には人影がありません。部屋も何の飾り気もない、まさに工事や合宿などの長期滞在に向いた機能一点張り。温泉宿の風情はほとんどありません。

お風呂は夜10時で終わり、朝は6時から入ることができます。青森の温泉銭湯によくある造りですが、大きな浴槽が2つに区切られ、片方は熱め、片方はぬるめのジャグジーになっています。他にサウナや水風呂などもありました。

この日はかなり寒かったのですが、お風呂から上がっても体はポカポカ温かく、さすが名湯と噂の温泉でした。

食事は食堂で食べます。基本的にセルフなのですが、この日は客が私ひとりだったため、おばちゃんが世話をやいてくれました。聞けば、この宿はもう100年近くやっており、時期によっては工事関係の長期滞在客でかなり賑わうようです。

夕食は、まあなんというか、おいしいといえばおいしい普通のメニューで、ご飯はおかわりしたければ自分でいくらでも盛ることができます。この点も、工事従業者には気楽でいいのではないでしょうか。

案の定、夜はかなり冷え込んだのでストーブを点けたまま寝たものの、3時間ごとに自動消火する設定になっているので何度か起きて点けなおしました。

風情より実用的な『音治郎温泉』。改修されて現在はきれいに

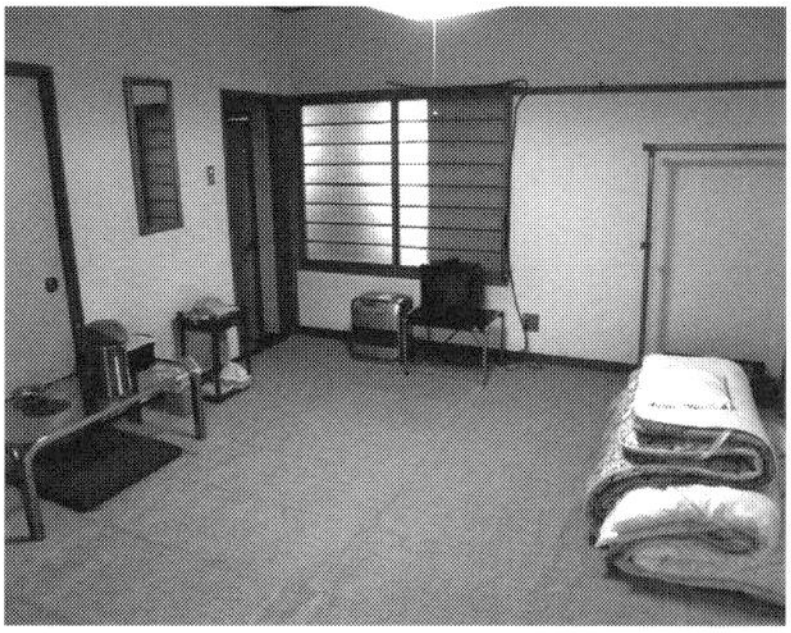

部屋や風呂場はいたってシンプル

翌朝は鶴田《つるた》町というところに用事があったのですが、地面は雪が凍ってツルツルです。

「駅までは歩いても15分くらいだけど、この雪だとあぶないから車のほうがいい」と宿のおばちゃん。スパイク付きの長靴を履いても転ぶ人が多いというのに、我が装備は圧倒的に見劣りします。北の果てで骨を折ってもシャレになりませんから、アドバイスどおりタクシーを呼んでもらい駅へ向かいました。

## 黒石の温湯温泉の美人女将に感動

2日目は黒石《くろいし》市の温湯《ぬるゆ》温泉に泊まることにしました。五所川原から弘前《ひろさき》を経由して弘南《こうなん》鉄道弘南線に乗車。そのまま終点まで行くと黒石駅で、温湯温泉はさらに十和田湖方面に車で15~20分行った先にあります。

この日も寒かったので、早く宿に入りたいと思ったのですが、黒石駅前に着いたのはまだ午後2時過ぎでした。とりあえず腹ごしらえしようと駅前の食堂で、名物の「つゆ焼きそば」を注文してみました。外観はかなりいい感じに傾いたりしていたのですが、中は普通のきれいな食堂で、私としてはちょっと残念。

「つゆ焼きそば」は、ソース味が染みた麺にしょうゆラーメンの汁がかかった今まで食べたことのない味で、ハマってしまうのもわかる気がしました。

その後はタクシーを拾って温泉へ。黒石には古い町並みも残っていて本当はじっくり見たかったのですが、徒歩で散策できるような天候ではなく、足元も危なかったので諦めました。

黒石の温湯温泉は、ちょっと変わったシステムで知られています。

「つゆ焼きそば」を食べた「すごう食堂」は
映画「津軽百年食堂」のモデルになった老舗で大正元年創業

黒石で泊まったのはレトロな『飯塚旅館』

温泉街の中心に「鶴の名湯」と呼ばれる共同浴場があり、湯治客は周りに建つ〝客舎《かくしゃ》〟と称するお風呂のない宿に泊まって共同湯に通うのです。昔の湯治場は、どこもこんな風だったのかもしれません。

私が泊まった『飯塚旅館』は、昔は客舎のひとつだったようですが、現在は内風呂を造り、温泉旅館として営業しています。

建物は大正時代の建築だそうで、外観はなかなかの風情です。入口から入ると土間風の広いスペースがあり、のれんの奥から50前後と思しき美人女将が出てきて部屋に案内してくれました。

通されたのは表通りに面した開口部の広い明るい部屋で、歴史を感じさせる床の間などもあります。建物は古く、全体的に寒いのですが、風情は十分です。

女将がお茶を入れてくれました。津軽美人というのか色白のきれいな方で、東北の土地を感じます。やはり津軽地方や秋田の血統には、はるか古代にニブヒやウィルタといった北方系の民族の血が混ざっていることは間違いないと改めて思いました。距離も近いので、交易とまでいかなくても漁民が漂流して日本海沿岸に着いてしまうなんてこともあったでしょう。そうした人々との混血によって現在の色白の美人が存在しているのではないか、などと勝手に妄想した次第です。

早く着いたので部屋はまだ暖まっていませんでしたが、ほかに客がいないと聞き、さっそく内湯をチェック。廊下の奥の別棟に、いかにも新しく造った感じの浴場で、お湯は小さめの檜《ひのき》の浴槽にかけ流されていて、ちょっと熱めです。温泉とは別に水が出る蛇口も付いており、うめるのは自由。とても清潔で気持ちのいいお風呂だったので、いきなり長湯してしまいました。

そうこうしているうちに夕食の時間です。部屋に美人女将が運んでくれたのは湯治宿としてはかなり豪

看板側面には「こうじや」の文字。
かつて味噌の製造販売を行っていた名残が

館内のあちらこちらに美人女将の心遣いが。
下は豪華な夕食。これに加え蕎麦も

華な食事で、やはり魚が美味。ナマコ酢とか白子の揚げ物とかちょっと変わった料理もあって、蕎麦も出ました。この蕎麦がまたおいしいものでした。

ナマコで飲もうと熱燗を頼んだのですが、美人女将は何も言わずともいきなり2本持ってきて、お酌までしてくれるサービス振り。美人女将は何をやっても気が利いているので、すっかりくつろいでしまいました。

この温泉場はあくまでも外湯が基本なので、1度は外湯に入ろうと思っていましたが、お酒を飲んですっかりいい気分になってしまいました。それでなくても外はかなり寒そうです。夜に行くのは諦め、朝4時からやってるというので、早起きして行くことにしました。

美人女将にそう言うと「では履物を出しておきますから、それをお使いください」と、とっても上品に言ってくれました。

## 底冷えの午前5時、決死の覚悟で共同浴場へ

寝る前にもう一度内湯に行き、浴槽を独占して寝湯なんかしていましたが、ほかに客がいないはずなのに脱衣所に人の気配が……。見ると小学生くらいの男の子が入ってきて、無言でシャワーで体を流しています。

「ぼく、ここの子？」

声をかけると「ぼく、ここの子です」とオウム返し。熱いお湯が嫌いなのか、だいぶ水でうめていました。

戻ると布団が向かいのやや狭い部屋に敷いてあり、足元には電気行火《あんか》が。寒い日でしたが、あの美人

女将が私のために行火まで入れてくれたのかと思うと、心まで温かくなり、すっかり満ち足りた気分で眠りにつきました。

翌朝は4時に起きるつもりが、目が覚めたのは5時過ぎ。慌てて起きようにも死ぬほど寒く、布団からなかなか出られません。しかしここで二度寝してしまったら、「鶴の名湯」に入れずじまいです。必死に自分に言い聞かせ、なんとか起き上がるのに成功しました。

外はまだ真っ暗でしたが、共同浴場を取り囲む客舎のようすがなかなかの風情です。寒くなければゆっくり散策したいところでしたが、それどころではありません。共同湯まで、宿から1分もかからない距離なのに決死の覚悟が要りました。

中はすでに近所のじいちゃん連中でいっぱいです。それより何より驚いたのは、最近改修されたとかで、施設が新しかったこと。外観は場違いにならないよう地味な感じですが、内部は温泉銭湯というか、設備が整った今どきの入浴施設で、湯治場風情はありません。とにかく朝の新鮮なお湯に入る目的を果たすことができたので、寝ぼけ眼ながらも休憩所でジュースを飲んで宿に戻りました。

朝食も温泉らしいシンプルな感じでおいしかったのですが、女将が食事を並べながら「朝青龍《あさしょうりゅう》もちょっとかわいそうな気がしますよね」と言うではないですか。昨日から引退のニュースばかりだったので「美人女将よお

狭いながらも源泉掛け流しの湯

前もか」とガックリきましたが、考えてみれば青森は相撲どころ。角界への関心が高いわけです。私は、「前からさんざん問題があったのでしかたないのでは」と答えておきました。

帰途は、「何もタクシーを使う必要はないと思いますよ」という美人女将の助言に従い、徒歩でバス停へ。黒石駅までの時刻表を書いたメモを渡してくれた心遣いも、とてもありがたかったです。

時間より早めに宿を出て周囲をひとまわりしてみましたが、寒い中にも風情を感じる温泉街でした。古そうな商店などもあり、客舎の中には凄く安いところもあるらしいので、今度行くときは2～3泊はしてみたいものです。

**八戸　新むつ旅館**

〒031-0802 青森県八戸市小中野6-20-18
☎0178-22-1736

**五所川原　ふるさとの湯 音治郎温泉**

〒037-0005 青森県五所川原市石岡字藤巻56-1
☎0173-35-9885

※2011年8月に改修されました。
現在は「音次郎温泉」に改名して営業しています。

**黒石　温湯温泉 飯塚旅館**

〒036-0411 青森県黒石市温湯鶴泉60
☎0172-54-8303

第二章

# 花巻のお馴染み宿から、遠野へ

## 地元のばあちゃんたちが民謡で盛り上がる混浴露天

古い湯治宿が好きです。中でも〝ボロ宿〟巡りを始める前から30年近く通っているのが花巻《はなまき》の『大沢温泉《おおさわおんせん》』です。平安時代に坂上田村麻呂《さかのうえのたむらまろ》が見つけ、宮沢賢治《みやざわけんじ》や高村光太郎《たかむらこうたろう》のお気に入りだったという歴史ある湯で、『大沢温泉』というのが一軒宿の名前にもなっています。

何が魅力かと言えば、まず安さでしょう。2～3日泊まっても普通の宿の1泊料金より安いくらいなので、気兼ねなく行けます。それに何より、昔ながらの湯治場の雰囲気が残っているのがいいし、川沿いの混浴露天「大沢の湯」はじめ、お風呂がたくさんあることや、宿があまり客にかまわず放っておいてくれるところなどが私の好みにピッタリなのです。

初めて訪れたのは東北地方をバイクで放浪していた20代前半のころでした。

一軒宿と言っても新館の「山水閣」、南部《なんぶ》藩主の定宿だったという由緒正しき「菊水館」。そして湯治場の「自炊部」から成る大規模旅館で、そのときは飛び込みの当日予約で「山水閣」に2食付きで泊まりました。その後、「菊水館」にも1回だけ泊まってみましたが、やはり私が好きなのは「自炊部」です。

「自炊部」の玄関を入ると古そうな帳場があり、畳敷きの待合も湯治場ムードにあふれています。新館の「山水閣」は別の玄関がありますが、施設内で互いに行き来できる造りになっており、茸き屋根の「菊水館」は、「自炊部」の裏手を流れる豊沢川《とよさわがわ》の向こうにあります。

これまでに何度、行ったことでしょう。最初の訪問時からみると様子はずいぶん変わりました。建物はもちろん、各棟のお風呂もきれいに整備されたようです。

かつて『大沢温泉』と言えば、「自炊部」に付属している混浴の半露天風呂「大沢の湯」が一番のウリでした。豊沢川のすぐ側にあり、水車なども見えるオープンでワイルドな露天風呂です。「山水閣」や「自炊部」にも貸切風呂や露天風呂などいくつかの温泉はありましたが、この宿に来る客はとにかく「大沢の湯」を目当てにしていたような気がします。

昔は「大沢の湯」には脱衣所もなくて、浴槽の脇に脱いだものを置く棚があるだけ。夕食後に行くと、地元のばあちゃんたちが民謡を歌って盛り上がっていたりして、まさに田舎の湯治宿そのものでした。

いや、ばあちゃんたちだけではありません。ときには地元の若い女性がごく当たり前のように入ってくるので、こちらがどぎまぎしたのを覚えています。

## 若き日に3畳間で侘しさを実感

直近で『大沢温泉』を訪れたのは2008年で、「大沢の湯」に女性用の脱衣所ができていてびっくりしました。しかしインターネットでホームページを覗くと、さらにいまは浴槽自体を改装したのか湯治場というよりオシャレな旅館に見えます。やはり時代は変わるのです。

昔は観光客も少なく、地元のじいちゃんばあちゃんが圧倒的に多かったので、深夜はたいていお風呂を独占できました。雨の日など、人気《ひとけ》のない露天風呂にひとり浸かって、豊沢川の流れを聞くのはなんともいえない気分でした。

混浴とはいえ岩でできた浴槽は大きいため、ある程度の人数になると真ん中にある岩場を境に自然に男女が分かれ、暗黙のルールというか秩序ができていたように思います。しかし最近はそうした場面を目にすることなど、ほとんどなくなりました。昔の人には慎みがあったということなのでしょうか。
ただ、「自炊部」だけはあまり変わっていないようで、いまも1泊3千円ほど。寝具や浴衣を借りると、その分の料金が多少かかりますが、常連客は必要なものを用意していくので、凄く安く泊まることができるのです。

それに「自炊部」だからといって、食材や調理用具を持参する必要はありません。生鮮食材などを扱っている売店があり、無料で使える炊事場が整っているので、手ぶらで行ってもまったく問題ないのです。しかも自炊が嫌なら、館内に「やはぎ」という食堂もあります。予約をすれば朝食も用意してくれるので、

20代の頃から通っている『大沢温泉』前

豊沢川の向こうに見えるのが「菊水館」

大沢温泉の代名詞「大沢の湯」

1〜2泊の滞在ならここで十分でしょう。

私はここのラーメンが気に入っているので、行くと必ず食べています。最近は、懐かしい「中華そば」という感じから、ちょっとおしゃれな今どきのラーメン風になって少し残念ではありますが。

そんな安い宿なら、部屋が酷いのだろうと思われそうですが、そんなことはありません。基本6〜8畳間で、トイレは共同ながら冷蔵庫やテレビも完備。シンプルですが、滞在にはなんの不便もないきれいな部屋です。

そういえば大昔に一度、3畳くらいの狭い部屋に通されたことがありました。部屋にはガス台や冷蔵庫、食器棚などがあり、布団を敷くと裾の方が戸棚にかかってしまうほど。私は特に背が高いわけではないのですが、布団に横になると作り付けの戸棚に足を入れるような形になったのを覚えています。恐らく、住み込みのスタッフ用だったのかもしれません。

ただし、そんな部屋に通されたのはそのとき1回だけ。混雑期にいきなり訪ねたため、無理矢理空けてくれたのでしょう。

しかしあの時ばかりは夜中に目覚め、つくづく侘しさを感じました。〝ボロ宿〟好きとはいえ、温泉宿で3畳間に泊まったのは初めての体験だったのです。現在も客室として使っているかどうかわかりませんが、できればまた泊まってみたいような気もします。

「自炊部」の建物は古くて入り組んでいますが、それも湯治宿らしくて楽しいものです。お風呂に行く人が通る足音や気配も丸わかりで、昔の素朴な湯治宿の雰囲気が残っています。1カ月くらい滞在したら、どんなに楽しいことでしょう。

2008年に訪問した時はちょうど「大沢の湯」で「金勢《こんせい》まつり」をやっており、大勢の客で賑わっていました。

このお祭りは、大久保山に鎮座している「金勢様」（重さ150キロの欅《けやき》でできた男根）を担いで練り歩き、最後に露天風呂に半纏《はんてん》姿の女性たちが入浴させて洗い清めるというもの。金勢様が入った温泉に入浴すると、縁結びや子宝に霊験《れいげん》があるとされているようで、似たようなお祭りが各地の温泉場にもあると聞きます。

年代物の調度品に囲まれた帳場の待合

思い出の3畳間。通常の客室は6〜8畳が基本

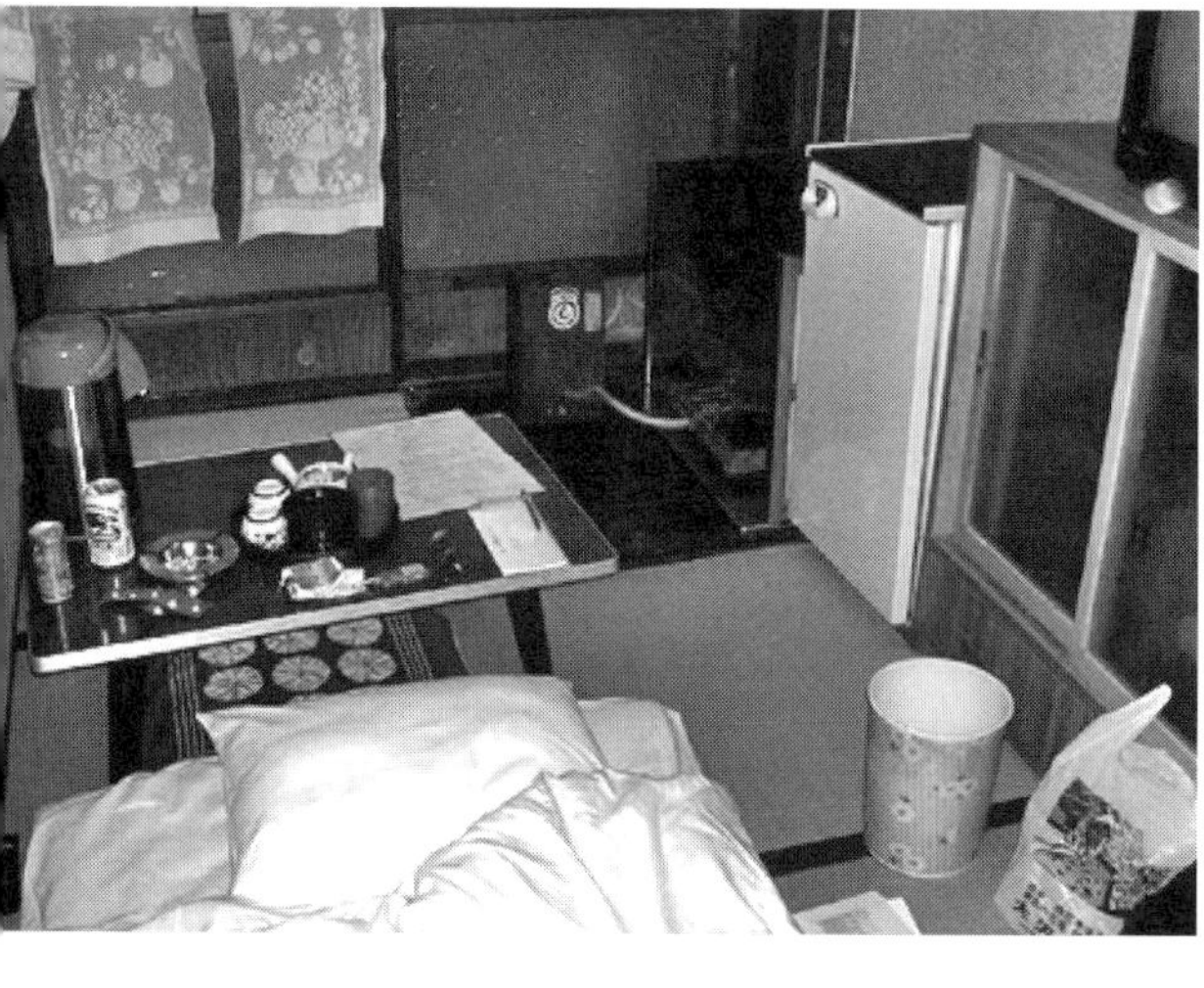

「やはぎ」の朝定食

こうした祭りも含めて、長く変わらずにいてほしい温泉のひとつです。数ある湯治宿のなかでもかなり気に入っているので、実はあまり紹介したくなかった、というのが本音です。

## 民話と土俗信仰の街に建つ古格あふれる旅館

2010年5月、花巻から遠野《とおの》に2泊3日で出かけました。遠野へは15年ほど前に訪ねたことがあるのですが、ほんの駆け足程度。今回はゆっくり見学したいと思ったのです。

遠野と言えば、柳田國男《やなぎだくにお》の「遠野物語」で知られる日本民俗学の聖地で、民話研究家・佐々木喜善《ささききぜん》の故郷でもあります。もうそれだけで心が浮き立ってしまいます。

当日、遠野駅に着いたのは夕方だったので、まっすぐ宿へ。予約したのは駅から5分くらいのところにある『福山荘《ふくざんそう》』という古い宿でした。

どうせなら、火事で焼けてしまった金田一《きんたいち》温泉の『緑風荘《りょくふうそう》』や、盛岡《もりおか》の『菅原別館』のように、座敷わらしが出る宿に泊まりたかったのですが、探しても遠野にはそういう噂の宿は見つけられなかったのです。

ところが『福山荘』に行ってビックリ。古い遊廓のような重厚かつ、なかな

硬質コンクリートブロックを使った
ヨーロッパの石積み建築風な遠野駅

築60年以上の『福山荘』

か風情のある、私の好きな宿でした。ただし外観は明治・大正の雰囲気なのに、実は戦後の建物で、まだ60年ちょっとしか経っていないとのこと。若い女将さんの話によると、この家を作った先代が木材などに凝り、自分の好みに任せて贅沢な造りにしたのだとか。廊下などはワックスでも塗ったように光っていますが、これは数年に一度漆《うるし》を塗り直しているためだそうです。

この宿には急きょ泊まることにしたので、前日に電話したところほぼ満室で、一部屋だけ空いているとのことでした。「狭い部屋ならあるけど、どうかなあ」と不安そうだったので、そこを何とかと無理やり泊めてもらいました。案の定、部屋はかなり古びていて、期待通り風情がありました。しかしトイレは昔風の造りで男女共用ながら、何と洗浄便座が付いていています。

無事にチェックインできたので、午後5時を過ぎていましたが周辺散策へ。寂れた姿を思い描いていたのですが、活気を失いつつある地方都市が多いなか、遠野は観光都市として頑張っているようでした。それでも裏道を歩くとけっこう廃墟が目につき、夕方だったせいか、どこか寂しげな街角風景でした。

市内には大きな商業施設や観光開発された一角もありますが、通りには廃墟になった飲食店や、錆びついてしまった看板なども目立ちます。狭い市街地をひととおり回って飲み屋街をチェックしてみると、軒数は少なく、ちょっと寂しげな夜の街でした。寝酒用に酒屋さんで地酒などを買って宿に戻りました。

ガラス戸で仕切られているのが何ともレトロな手洗い（上）。
漆をこまめに塗り替え床はいつもピカピカ（下）

テーブルに
乗り切らないほど
豪華な夕食

夕食は思いの外、品数が多くお膳に乗り切らないくらいです。全部、部屋に運んでくれました。この宿なら座敷わらしが出てもおかしくないと地酒を飲みながら待ったのですが、結局、朝まで見かけずじまいでした。できれば遭遇してみたかった。

翌朝の食事は玄関脇の広間でとりました。この部屋もなかなかいい感じで、昔は宴会場に使われていたのかもしれません。通りに面した部屋なので、夜は賑やかな歓声や三味線の音などが外に漏れ出し、浮かれた雰囲気を醸し出していたのでしょう。

チェックアウトした後、とりあえず重い荷物は宿に預かってもらい、市内見物に出かけました。

## 「カッパ淵」で〝しりこだま〟を抜かれたい!?

この日はまず、宿の近くにある『高善旅館《たかぜん》』を見学したいと思っていました。柳田國男が遠野に来ると泊まっていた宿で、現在は文化財として移築保存されています。

中に入ると、柳田國男お気に入りの2階の部屋はそのまま残っていました。土間に面した帳場《ちょうば》や仏間などもすべて公開されており、とてもいい風情です。こんな宿が現代にあったら絶対泊まりたいと思いました。

遠野は見たい所だらけです。特にこの地方特有の母屋と厩《うまや》が一体になった「南部曲《なんぶまが》がり家《や》」の保存エリアと、昔、河童が出たという「カッパ淵」には行かねばなりません。

宿に戻って荷物を引き取り、駅へ。前日もチラっと見たのですが、改めてよく見ると、あちこちに河童がいます。郵便ポストの上にオブジェがあるかと思えば、駅前交番も河童の形です。

周辺にはかなりの観光客もいましたが、見どころが遠いのでレンタサイクルや、バスで回る人が多いようでした。

駅の観光案内所でいくつかルートを教えてもらい、昔の村を再現した「遠野ふるさと村」と、「南部曲がり家」を移築した「伝承園《でんしょうえん》」、「カッパ淵」に行く路線バスに乗車。

「遠野ふるさと村」に着くと、ここにも立派な「南部曲がり家」があり、本物の馬もいました。土間の竈《かまど》

**「遠野ふるさと村」に移築された「南部曲《なんぶま》がり家《や》」。馬と人が同居する建築様式**

**東北地方で信仰されている家の守り神「オシラサマ」**

には火も入っていて、本格的に再現してるんだと感心していたら、この日は中学生の団体が体験学習に来ており、彼らの昼食を準備していたようです。

園内のいくつかの曲がり家の広間に分散し、中学生たちが蕎麦や天ぷらなどを食べる姿を見かけました。ちょうどお昼近くだったので、紛れ込んで食べてもバレないかなと思ったのですがやめておきました。「伝承園」も似たような施設なのですが、こちらの「曲がり家」のほうが家財道具などが揃っていて生活感があります。

東北地方で信仰されている家の神「オシラサマ」も千体ほど飾ってありましたが、こうした土俗的な信仰は、現代の日本人には意味がわからず、不気味な感じがしてしまいます。暗いちょっと不気味な部屋から外に出てフラフラ歩いていると、別の家にいた園の人らしきおじいさんが「オシラサマみだが？」と声をかけてきました。「見た」と答えると、「いまだば、あったらにあるどごはねえがら、すげえべっ」と嬉しそうに笑いかけました（雰囲気だけ再現）。

そのまま歩いて「カッパ淵」へ。「伝承園」から10分足らずの距離です。以前、来たときは、いかにも河童が出そうな深い淵で、妖しい雰囲気のある川辺だったような印象でしたが、改めて行ってみると、イラスト入りの看板が出ているうえ、観光客も多かったので、深遠な雰囲気は薄れたような気もし

カッパ淵にカッパちゃん

ます。

だいたい河童は〝しりこだま〟を抜くのが好きと言いますが、〝しりこだま〟っていったい何でしょう？ よくわからないまま、おみやげ屋さんで買った「カッパちゃん」を、「カッパ淵」の木柱にのせて写真を撮ってみました。大の男が河童のオモチャで遊ぶ様子を、淵の底から本物の河童が見ていたりして……。

お昼は「伝承園」の食堂で蕎麦を食べました。岩手はどこで食べてもやっぱり蕎麦がうまい。そういえばいつぞやは盛岡のわんこ蕎麦屋でおばちゃんにいじめられたこともあったっけ。

お腹がいっぱいになった後は再び路線バスに乗って遠野駅へ戻り、夕方の釜石《かまいし》線の電車に再び乗り込み、花巻へ向かいました。

確かに遠野には一種独特の民話の世界の雰囲気があります。観光地化はしているものの、昔の日本のどこにでもあったはずの土俗文化が残っている気がしました。しかし時の流れには逆らえません。15年前と比べると、世俗化して少しこぎれいな街になったようです。

## 鉛温泉で本格的〝ボロ宿〟に遭遇

花巻では、南温泉峡《みなみおんせんきょう》の『大沢温泉』に泊まるのが常の私ですが、今回は違う宿に泊まってみようと、同じく自炊システムのある鉛《なまり》温泉の一軒宿、『藤三《ふじさん》旅館』を選びました。

ここも有名な温泉で、遠野から電話してみると、休前日だというのに出たおっちゃんは「部屋はいくらでも空いております」とキッパリ。その場で予約すると、花巻駅からの無料シャトルバスや路線バスについて、時間や乗り場などを詳しく教えてくれたので大変助かりました。

昭和16年建築、ケヤキ造りの『藤三旅館』。現在は改修済み

花巻駅と、新幹線が通る新花巻駅はだいぶ離れていますが、どちらからでも無料のシャトルバスに乗ることができます。バスの時間より前に着いたので駅の周辺を散策してみましたが、今はなき岩手軽便《けいべん》鉄道・花巻駅の駅跡の石柱があったくらいで特に面白いものは発見できませんでした。

バスが来たので運転手さんに行く先を告げて乗り込みます。客は全部で15人くらい。途中、志戸平《しどたいら》温泉や大沢温泉など、客が申告した宿を1軒1軒回ってくれるシステムです。

車窓から見ると、南温泉峡に大規模な観光ホテルがたくさんありましたが、ソソられません。大沢温泉前で何人か降りていき、懐かしく感じました。

温泉峡の最奥に位置する鉛温泉のバス停で降りたのは私だけ。宿の迎えのワゴン車に乗り換え、急な坂を下ること1分。現れたのは久しぶりに見る本格的な〝ボロ宿〟でした。『大沢温泉』と同様に、旅館部と湯治部は別々の建物ながら中はつながっていて相互にお風呂を共用する仕組みのようです。

湯治部の入り口を入ると大きな帳場があり、数人のお

藤三旅館湯治部の雰囲気ある帳場や広い廊下

っちゃんが手慣れた感じで働いていました。説明によると、旅館部・湯治部・日帰り客はスリッパの色によって明確に分けられており、湯治部の客は旅館部のロビーやトイレなどの豪華近代設備を使ってはいけないルールとのこと。

　湯治部の廊下を延々と巡り、売店や混浴の「白猿《しろさる》の湯」に近い部屋に案内されました。見るからにボロく、建てつけも悪い4畳半。なかなかいい雰囲気です。窓際には食器やヤカンなどが置いてあり、窓の外には豊沢川が流れています。大沢温泉より上流に当たるので、少し流れが早く感じます。

　館内の売店が午後7時には閉まるというので、どんなものを売っているのかチェックしてみることにしました。売店ゾーンはいくつかの店に分かれ、店番のばあちゃんやじいちゃんたちが「幾日泊まるんだ?」などと競うように話しかけてきます。人懐こいというより少ない客を取り合っているようで、これが美味い、あれがオススメだとずいぶん営業熱心です。

数日の間、食べ過ぎていた感があったので、夕食は簡単なもので十分だと、すでに釜石のスーパーでカップ焼きそばや南部せんべいを手に入れてありました。結局、「うちは自販機より安いんだ」というじいちゃんの店でビールだけ買ったのですが、おつまみや惣菜を勧められて往生しました。確かになんでも揃っていて、長期滞在しても十分でしょう。今でも冬の湯治最盛期などには繁盛しているのかもしれません。

## 混浴「白猿の湯」は深さ1メートルの〝立位浴〟

お風呂はいくつかありますが、この宿の代名詞ともいうべき湯が「白猿の湯」です。基本的に混浴ですが、朝、夕、晩に専用時間が設けてあるので女性も安心して入れます

ほかに、湯治部の露天風呂「桂の湯」や、滝が見える「白糸の湯」など、全部で5種類くらいあるのですが、私はヒマさえあれば「白猿の湯」に入っていました。

「白猿の湯」は、天然の岩をくり抜いて作った浴槽の底から湧き出す源泉を沸かさずにかけ流している風情あるお湯で、深さがなんと約1・25メートル。立ったまま入る珍しい温泉です。段差があるので夜間などお年寄りは少し危険かもしれませんが、慣れてしまえば体は伸び伸び、ゆっくりくつろげます。

結局この日は、ビールと持ち込んだおつまみで夕食を済ませ、売店で買った地酒も飲んでみました。ほかの部屋の様子をみると、自炊部でも食事を頼んで出してもらっている人が多いようで、廊下に食べ終わった器などが置いてありました。

敷地内は、まるで時間が止まったかのような昔の湯治場の雰囲気が漂っています。夜は川の音くらいしか聞こえず、こんな寂しい部屋に真冬にきて数日こもってみたいと思いました。

帳場のおっちゃんの「これほど空いてる日は珍しい。ゆっくり入るといいよ」というアドバイスどおり、翌朝も早く起きて「白猿の湯」に長湯しました。

朝も缶コーヒー1本で、またもワゴン車とシャトルバスで駅へ。朝日の中で改めて宿の様子を見ると、ボロさ加減がわかりました。江戸時代の湯長屋から発祥したという『藤三旅館』。帳場の前には「素人演芸大会」のポスターも貼ってあり、こういうイベントにも固定客がいるのかもしれません。

バス停の看板近くの木に小さな花が咲いていました。5月のまだ寒気の残る岩手の山に咲く花は、なんだかいじらしいですね。

同じ花巻南温泉峡、同じ湯治部でも『大沢温泉』とはだいぶテイストが異なります。『藤三旅館』はより昔の湯治場に近いというか、『大沢温泉』が洗練されて思えるほ

食料品から日用雑貨、お土産まで揃う売店

どです。
とにかく一度は行ってみたいと思っていた鉛温泉を体験できてよかったです。

**花巻　大沢温泉・自炊部**

〒025-0244 岩手県花巻市湯口大沢181
☎0198-25-2315

**遠野　旅館 福山荘**

〒028-0523 岩手県遠野市中央通り5-30
☎0198-62-4120

※改装のため2023年3月いっぱいまで休業予定
（旅館 福山荘のHPより）

**花巻　鉛温泉 藤三旅館**

〒025-0252 岩手県花巻市鉛字中平75-1
☎0198-25-2311

第三章

# つげ義春ゆかりの宿を訪ねて西伊豆へ

## 名曲「天城越え」が生まれた宿

西伊豆に前から行ってみたい宿がありました。松崎の『長八《ちょうはち》の宿 山光荘《さんこうそう》』です。つげ義春ファンの間では知られた、漫画「長八の宿」のモデルになった宿で、漫画では「海風荘」という名前で出てきます。昔の蔵を改造した客室などは実在の『山光荘』をそのまま描いているとのこと。漫画で見る限り、なかなか良さそうな宿で〝ボロ宿〟ではないのですが、ぜひ一度行ってみたいと思っていました。

2011年2月、どうせ行くなら伊豆で3泊ほどしてこようと予定を立て、初日は中伊豆の名湯、湯ヶ島温泉にある『白壁荘《しらかべそう》』に決めました。

湯ヶ島と言えば川端康成《かわばたやすなり》の「伊豆の踊子」があまりに有名ですが、『白壁荘』も井上靖はじめ多くの文人が訪れた宿とか。しかも、石川さゆりの「天城越え」を作詩した吉岡治《よしおかおさむ》らが宿泊し、この宿であの名作が生まれたとも聞きます。

久々に車での旅です。当日は東名高速を沼津インターで降り、そのまま縦貫道路を南下。修善寺を経て湯ヶ島温泉に向かいます。混んでさえいなければすぐの距離です。

宿は湯ヶ島のほかの宿と同様、狩野川《かのがわ》に面しており、名前の通りなまこ壁風の白壁造り。民芸風のインテリアが特徴的です。

通された部屋は離れになっていて、囲炉裏を据えた大きな居間と和室の別室付き。温泉が出る小さな浴槽まで付いてるという、私としては場違いなほどの立派な宿でした。

つげ義春の旅物シリーズの一篇『長八の宿』のモデルになった

## 立派な宿の正面に朽ちた建物が

到着してすぐに気がついたのですが、ちょうど宿の川向かいに、廃業したホテルみたいな建物が建っています。通された部屋のベランダからも正面に見えます。私は『白壁荘』よりむしろそっちの建物に興味を惹かれてしまい出迎えてくれた宿の人に尋ねれば、「ああ、あれね。もうやってません」と、何やらあまり触れたくない様子。

宿の正面だし、美観上よろしくないので話したくないのだろうと思っていましたが、気になるので仲居さんにも聞いてみたところ、よその旅館ではなく『白壁荘』の従業員寮で、今でも2人住んでいるとのこと。

夜になって観察してみると、仲居さんは住んでいるのが2人と言っていたのに、明かりが3カ所に灯っているではありませんか！　この宿は、何か秘密があるのでしょうか。

しかし、出てきた食事も豪華で、大きな石をくり抜いた巨石風呂や巨木風呂など、お風呂も充実。おまけに地酒で酔っぱらってしまい、謎を追求できずじまいでした。

翌朝になってから橋を渡り、その従業員寮の前まで行ってみました。建物の正面に回ってみると、確か

湯ヶ島温泉を代表する『白壁荘』(上)。
対岸の建物は従業員寮であることが判明(下)

に旅館ではなく寮だとわかります。が、中に入るわけにもいきません。

そのまま川沿いの道を少し上流側に行くと、泣く子も黙る超高級ラグジュアリー旅館『落合楼《おちあいろう》』の広大な敷地にぶつかりました。かつて高級保養地として栄えた様子が偲ばれる、なかなか渋い建物です。

宿に戻って朝食のとき、仲居さんに3つの部屋に明かりがついていたと詰め寄ると、「ひとつは廊下の明かりでしょう」と即答。何やら込み入った答えを期待していたのですが、あっさり謎は解決してしまいました。

『白壁荘』は敷地も見た目より広く歴史もある宿で、もっとじっくり滞在すればおもしろそうなところです。出がけに女将さんやご主人らしき人が、地図と一緒に付近の名所をいろいろ教えてくれました。早めに花が咲くエリアなどもあり、さすがに地元ならではの情報が多かったです。

## 浄蓮の滝から寒天橋まで「天城越え」の世界を堪能

2日目は、いよいよ憧れの伊豆松崎『山光荘』へ。まっすぐ行くとすぐに着いてしまうので、天城峠周辺を回り、河津《かわづ》や下田に寄ってみることにしました。

「天城越え」というと、石川さゆりの歌を思い出してしまいますが、松本清張の同名の短編もあります。歌の方は「浄蓮《じょうれん》の滝」「寒天橋」「天城隧道《ずいどう》」など、「港町ブルース」ほどではないにしてもやたらと地名が出てくる不思議な歌詞が印象的です。とりあえずその跡を追ってみようと、まずは「浄蓮の滝」へ向かいました。

伊豆でも有数の観光地なので、巨大な駐車場や土産物屋が建ち並んでいます。そこから川沿いの道を下ること5分。いきなり滝が現れます。滝自体はどうということもない一本滝ですが、周辺には斜面を使った山葵田《わさびだ》がたくさんあり、ますます歌詞の世界を連想させます。「天城越え」の歌碑もありました。

ちなみに、滝とは別の場所に「浄蓮の滝」という名前の観光センターがあり、山葵や農産物などを売っていますので、お間違えないように。

どうせならと、「天城越え」の3番の歌詞に出てくる天城峠の旧トンネル「天城隧道」も通ってみることにしました。宿でもらった地図を見ると「寒天橋」はその先にあるようです。

国道から離れて狭い山道を行くと、「天城隧道」の北側入り口に到着。ウォーキングの人も含めてけっこう観光客らしき人々がいます。トンネルは対面通行できない狭さなので、向こうから車が来ないことを確認して通過。それほど長くはありませんが、確かにいわくがあってもおかしくない雰囲気のトンネルです。

「天城隧道」からそのまましばらく下っていくと「寒天橋」なるバス停があり、そこから山道が分かれていました。車は通れそうもないので降りてみたのですが、よくわかりません。どこだー、と振り返ると、いま通ったばかりの小さなコンクリート橋に「寒天橋」の文字が。

それなりに凝った造りの橋かと勝手に思っていましたが、どこにでもありそうな風情も何もない橋です。なんでこんな橋が歌に出てくるのかよくわかりませんが、とにかくこれで「天城越え」の名所を完全制覇したことになります。

川端康成が伊豆の踊子と出会った『福田屋』

こういうことをしていると、ものすごくヒマな人だと思われてしまう恐れがありますが、それほどでもないです。

また国道に戻ってそのまま南下します。ループ橋で一気に高度を下げ、河津方面へ。途中、「伊豆の踊り子」ゆかりの地である湯ヶ野温泉にも寄って散策。川端康成が踊り子と出会ったという名旅館『福田家《ふくだや》』はいまも健在でした。

河津川を挟んだ対岸に崩れそうな建物を見つけたのでちょっと行ってみると、どうやら元は旅館だったようです。実際のところかなり建物も傷んでいるようでしたが、もし健在ならなかなか雰囲気のいい宿なのにと残念でした。

山を抜けて河津駅付近を通ると、桜が咲くにはまだ時期が早かったのですがけっこう人出があり、駐車場の案内係もあちこちに出ています。そのまま海沿いの国道を下田まで行って辺りをブラブラ。何度も来ているところなので、適当に切り上げ松崎に向かいました。

## 念願の「長八の宿」へ。早寝しないように禁酒

松崎に行くのはまったく初めてで、たぶん『山光荘』がなければ、特に訪ねる理由もなかった町です。結果として凄く気に入ってしまったのですが、とにかく宿に着くと、すぐ「長八《ちょうはち》の間」に通してもらいました。

漫画に出てくるとおりの蔵造りです。室内は想像以上にいい雰囲気で、200年以上前の古びた蔵が座敷となったことで、落ち着いた独特の空間になっています。

憧れの『山光荘』

もちろん、「長八の宿」と呼ばれる由縁となった入江《いりえ》長八の鏝《こて》絵（土蔵の壁に漆喰《しっくい》によって作られたレリーフ）も見事です。そもそも松崎は、江戸時代から明治にかけて活躍した天才左官職人・入江長八の出身地として知られ、『山光荘』近くには「伊豆の長八美術館」や「長八記念館」など、彼の作品を見ることができる施設もそろっています。

宿に着いたのが日暮れ前だったので、散策に出ました。最初に行ったのは浄感寺《じょうかんじ》というお寺にある「長八記念館」です。ここは長八が子供の頃に通った寺子屋だそうで、その後、寺を再建する時に残したという作品がたくさん展示されていました。銅像やお墓もあり、ちょうどおっちゃん5、6人を相手に館長が説明をしているところだったので、ついでに聞いてみました。

いろいろ感心していると、おっちゃんのうちのひとりが奇声を発しつつ、よろめいたりしています。どうやら酔っぱらっているみたいです。ほかのおっちゃんたちが「おいおい」となだめているのですが、その人たちも酒臭くて、すでにできあがっている感じでした。

館長が額に入った精緻な鏝絵の説明をしていると、「こりゃあ、鑑定団に出したらいくらくらいになんの」などと陽気に尋ねていましたが、館長はうろたえることもなく「値段はつきません。比較できるものがないからです。価値があると思う人にとってはいくら出してもいいと言うでしょうし、価値を感じない人にとっては二束三文かもしれない」と説明しておりました。

宿巡りをしていると、かように旅先で盛り上がってはハメをはずしているおっちゃんたちの姿をしばしば見かけます。そのたび、自分も気をつけようと心に誓いました。

このあと「伊豆の長八美術館」や、付近のなまこ壁の街並み、保存されている古い商家なども見学。古い家がたくさん残っていて、なかなか雰囲気のある町です。中でも良いのが、普通の商店街でした。昭和の匂いが色濃く残り、こんな町が今でも残っているというのは素晴らしい限りです。すっかり気に入ってしまいました。

港まで行くと、周辺には大きなホテルや民宿もたくさんあります。夏にはずいぶん賑わう観光地なのでしょう。

散歩から戻って漫画にも出てきた温泉に入り、夕食は食事部屋になっている蔵の1階でとりました。夕方、泥酔おやじを見て反省したせいか、舟盛りなどの豪華料理を食べてもさほどお酒が進まず、早めに寝てしまいました。せっかく貴重な部屋に泊まっているのだから、酔っぱらってしまってはもったいないという気分もあったわけです。

どうやらこの日は、宿の大広間で法事の集まりがあったらしく慌ただしい様子でしたが、私としては憧れ続けてきた宿に泊まることができて大満足でした。

## つげ義春の年賀状や当時の「ガロ」に感激

翌朝は早めに起きて付近を撮影。朝食の時に仲居さんにつげ義春の話を聞いてみると「女将さんが詳しいので、あとでこちらに来るように言っておきます」とのこと。

食事が終わる頃になり、本当に女将さんがいろいろな資料を持って来てくれました。もうかなりのお年だとは思いますが、しっかりした上品な女性です。

「つげ先生がいらっしゃったのは昭和40年代で、この宿が開業して間もない頃です。毎日お客様もなく、ぼうっとしていました。あとで漫画になったという本を送っていただいたのですが、泊まられた日のことはまったく記憶にないのです。その後、つげ先生のファンだというお客様が多くなり、一度、お礼に調布のご自宅を訪ねたことがあります。先生は私が突然訪問したので、勝手に漫画にしたのを叱られるかと思ったそうです」

そういうと、「長八の宿」が掲載された当時の伝説の漫画雑誌「ガロ」や、いまでもやりとりしてるという年賀状などを見せてくれました。年賀状はいずれも肉筆のイラスト入りで、私の目からすると考えられないくらい貴重なものばかりです。

漫画の中に、娘のマリちゃんが原稿を書いたという宿のパンフレットのことが出てくるのですが、マリちゃんは実在の娘で、今は東京在住で時々手伝いに来るとか。

当時のパンフレットも一部だけ残っているというので、そのコピーを取って持って来てくれました。もう、つげ義春ファンへの対応は手慣れたものというか、パターンができているのでしょう。

「まだお食事中でしょうから、またあとでお話をします。どうぞごゆっくりご覧になってください」と、そうした資料を置いていってしまい、そんなに無造作でいいのか、こちらが心配してしまうほどでした。

さらに女将さんに話が聞けたのは、チェックアウトのときです。

「最初から蔵座敷を、と言われるお客様は、つげ先生のファンの方か、長八の鏝絵に関心のある方かどちらかなんです。テレビなどの取材もたまにありますね」

漫画のままの蔵造りの客室

行灯で風情を増した部屋で早寝

なまこ塀の蔵を改装した館内

館内には長八の“鏝絵”が点在

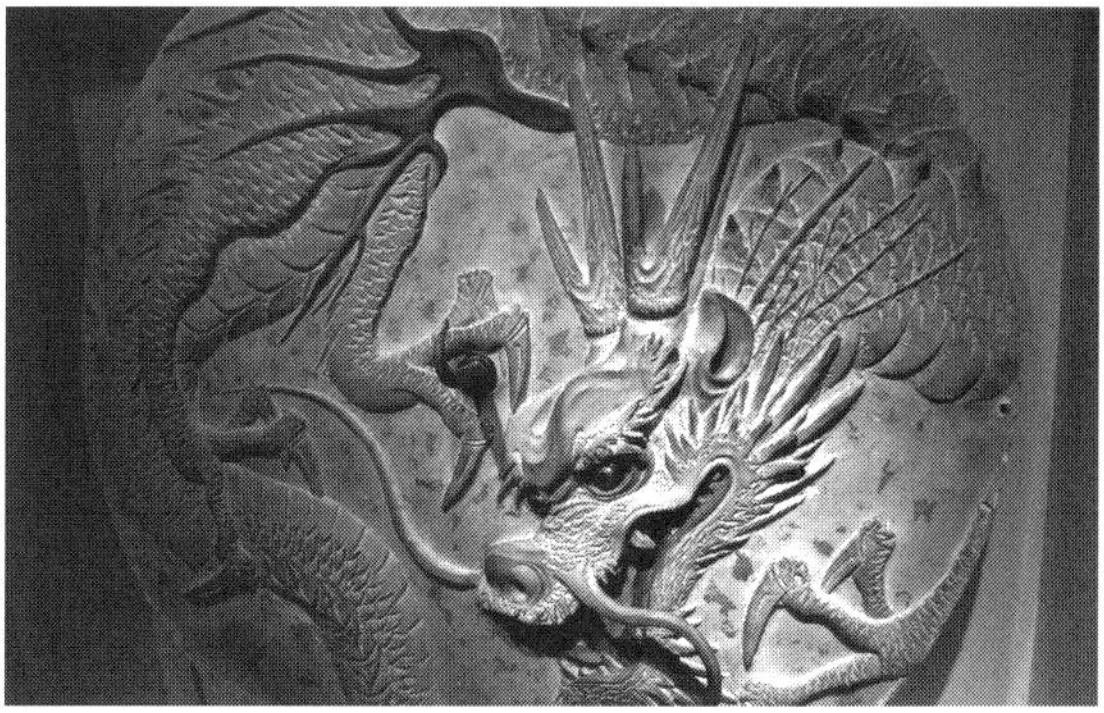

女将さんと、つげ先生は年賀状をやりとりする仲とか

宿は先祖代々の建物で、女将さんたち家族が別なところに住んで空き家になっていた時期もあったとのことですが、人に貸している間に洪水に遭ったり、治安上の問題もあるので何とかしなければと考えた末に旅館を開業したそうです。

建物はおよそ270年、蔵も200年以上経ってあちこち傷んでいるので、恐いのは地震だとか。

「瓦やなまこ壁の漆喰が落ちてしまうと、ちょっと直すのにも何十万円、何百万円とかかるんですよ。それを思うと、長八さんの鏝絵はいまだにまったく崩れないので、さすがだと思います」

やはり古い家を維持していくのは何かと大変なようです。

昔の米蔵を改造した大広間や、庭に面した客室も見せてもらいました。蔵座敷より安くなっているので、ぜひ次回はこちらのほうもお使いくださいと、女将は宣伝も上手いものです。

ほかにも長八が残した作品をいくつか所蔵しており、解説もしてくれました。女将さんによると、宿の前の通りは昔のメインストリートで、なまこ壁の商家などが連なっていたとか。新しい道路ができて、今はそちらがメインになっているそうですが、昔の繁栄していた頃の通りは、どんなにおもしろかっただろうかなどと想像しました。

## 南伊豆・石廊崎から入江の漁村を巡る

3日目は、同じ松崎の岩地《いわち》温泉に泊まりました。

『民宿 大清水《おおしみず》』は、ブログに寄せられたコメントを見て、良さそうだったので泊まってみようと思った宿です。

チェックインまでは時間があるので、南伊豆の海岸沿いに、小さな漁港を歩いて回ってみることにしました。

まず朝のうちに松崎町内にある「岩科学校《いわしなかっこう》」という古い学校の跡を見学に出かけました。伊豆地区最古の小学校跡で、なまこ壁や西洋建築を取り入れた独特の建築で、重要文化財になっているそうです。行ってみると確かに見事な建物で、長八の鏝絵が残っている部屋もありました。それより興味深かったのは、当時の授業の様子をマネキンで再現した教室です。バケツを持って立たされた状態で記念写真が撮れるようになっていました。

道路脇にこんな彫刻が

「岩科学校」を出た後は、海岸線をひたすら南下。岩地、雲見《くもみ》、妻良《めら》、入間《いるま》、中木《なかぎ》などを経て、石廊崎《いろうざき》まで足を延ばしました。入り組んだ海岸の入江ごとに小さな漁港や集落があり、夏は楽しそうなところばかりです。泊まってみたくなる渋い民宿も多く見かけました。しかし2月の海はひっそりしていて、ほとんど人影はありません。

ちなみに、松崎の海岸道路沿いには不思議な白い彫刻が何体も並んでおり、ちょっと不思議な雰囲気を醸し出しています。あれはどんな意味があるのでしょうか。

石廊崎でお昼過ぎになったので、駐車場そばの観光客向け食堂でラーメンです。昔風の醤油ラーメンで、完璧なまでに懐かしいおいしさです。注文したときに店のおばちゃんが、不敵な笑みを浮かべながら、「うん、おいしいよ」と言っていたのも当然。おまけにつけてくれたトコロテンも希にみるおいしさで、おばちゃんが「うちで天草から煮てるんだから、そこらで売ってるやつとは違いますよ」と威張りたくなるのもさらに納得です。

とくに選んだわけでもなく入った観光食堂でしたが、思わぬ見つけものをしたような気分で、うれしくなりました。もちろん、どこに行ってもボロそうな食堂ばかり選んでいる私の経験から言えば、この手のアタリハズレは、外観からはまったく予想がつかないことが多いです。

## 岩地温泉は〝東洋のコートダジュール〟!?

昼食後は、来た道を戻って岩地温泉に向かいます。周辺にいくつかある民宿は、きれいな砂浜の海岸に沿って並んでいますが、『民宿 大清水』は一軒だけ高台の途中にあり、眺めの良い宿でした。

ただ着いてみると、何か様子が違います。どうみても〝ボロ宿〟ではないのです。建物は古いかもしれませんが、内装は新しく掃除も徹底的に行き届いており、トイレや洗面施設もシャレたペンション風。お風呂は塩分が入った天然温泉で、けっこうな広さの岩風呂です。しかも出てきたのは若くてかわいい感じの女将さん。

変色してすり切れた畳の6畳間で、拾ってきた貝や海草をおかずに丸いお膳を囲む。そんなしみじみと鄙《ひな》びた漁村の宿を思い描いてきたのですが、まるで違います。いや正直言うと、国道から宿に向かう道路脇の看板に〝東洋のコートダジュール〟と書いてあるのを見て、いやな予感はありました。

でもまあ、そういうひねくれた考えを捨ててみれば普通にいい宿です。何より、ひっそりと奥まった入江の浜と、おだやかできれいな海。こんなところに長く滞在してみたい、住んでもみたいと思わざるをえ

高台に建つ『民宿 大清水』

ません。

「あはは。お客さん方はよく住んでみたいなんて言うんですけど、ほかの季節も見ないとダメですよ。夏なんて大混雑で、まるっきりハワイみたいなんですから」

確かに女将さんの言うとおり。海に沈む夕陽が有名なエリアでもありますから、どれだけ賑やかなことでしょう。

今日はヒマ潰しに石廊崎まで行ってきたと話すと、部屋の準備はできていたので連絡をくれればよかったのに、との返事。早めに到着して、のんびり昼寝をするという手もあったかもしれません。とにかく明るいうちからお風呂に長湯して、夕食を待ちました。

いざ用意ができると、ある程度予想はしていたものの、とんでもない量でした。山盛りの刺身に地元で網にかかる小さなカニや貝類などが入った大鍋、巨大煮魚、天ぷら、サザエの壺焼きなど数々のお皿が並びます。完食できないのは一目でわかりました。

仕方がないので優先順位を付け、刺身をメインに、鍋をなるべく食べることに決めました。サザエと山芋のすったやつは何とか食べましたが、残念ながら天ぷらはほとんど手つかず。煮魚も一口くらいしか食べられませんでした。無理して食べる必要もないのでしょうが、残すことに罪悪感があります。料理がこれだけあれば、ご飯はほとんど食べられないと思ったのですが、恐れていたとおり、おひつには大量のご飯。

新鮮な魚や自家製野菜がお腹いっぱい食べられて料金は8千円ほど。この宿は大食いの人には絶対にお勧めです。予約の時に聞いたところによると、季節によってはサービスで伊勢海老まで付けているそうで、

館内はキレイだ

眺めもバツグン

本当にこんな値段でやっていけるのか心配になるくらいです。

そういえば前日も『山光荘』で魚介類を大量に食べています。伊豆を何日か旅する時は少し冷静に考え、1泊ぐらいは素泊まりを入れたほうがいいと反省しました。

そんなわけで西伊豆の旅は終わりました。帰りは土肥《とい》から清水までフェリーに乗ってみました。伊豆でこんなにのんびり過ごす機会は、もうないかもしれない。そう思うと、ちょっと帰りがたい気分になりました。

**伊豆　天城湯ヶ島温泉 白壁荘**

〒410-3206 静岡県伊豆市湯ヶ島1594
☎0558-85-0100

**松崎　長八の宿 山光荘**

〒410-3611 静岡県賀茂郡松崎町松崎284
☎0558-42-1047

**松崎　岩地温泉 民宿 大清水**

※現在は閉業

第四章

# 忍者の里をさまよい歩く

# 忍者漫画の世界にわくわく

滋賀の彦根市に用事ができたのは2010年5月のことです。出かけついでにどこかに1泊しようと企みました。少し前に彦根に泊まって、ゆるキャラブームの火付け役の〝ひこにゃん〟には会ったので、今回は近江八幡か長浜あたりに足を延ばしてみよう。

そう思って地図を眺めているうち〈甲賀〉の文字が目に留まりました。さらに線路に沿って三重県まで辿っていくと〈伊賀〉に着きます。それでふと思い立ち、今回は、甲賀から伊賀へ忍者の里を回ってみることにして、伊賀市の宿を予約しました。

甲賀・伊賀といえば、真っ先に思い浮かべてしまうのが忍者漫画です。中でも横山光輝《よこやまみつてる》の作品は子供の頃にずいぶん読んだ挙げ句、「伊賀の影丸」の復刻版は手元に持っているほど。

そういえば「仮面の忍者 赤影」の原作にも、確か六角や浅井《あざい》といった室町末期の近江大名の名前が出てきたような覚えがあります。「金目教《きんめきょう》」という謎の教団も琵琶湖付近のはずだし、あの「うつぼ忍群」も甲賀忍者だったような気が。いや、違うかな。とにかく、わくわくしながら出かけました。

彦根で仕事が済んだのが午後3時ごろ。東海道本線で草津まで行って草津線に乗り換え。ちょうど下校時間なのか、学生客などでそこそこ混んでいました。草津線は旧東海道とも重なり、途中、水口《みなくち》などの城下も点在しています。

昔はかなり栄えた街道だったのでしょう。車窓から見る町並みにも、ところどころ近江の古い宿場風情が感じられ、ゆっくり歩いたら随分おもしろそうです。途中、三雲駅あたりに、いい感じの古くて大きい

伊賀・甲賀といえばコレでしょ

宿屋『天保閣《てんぽうかく》』が見えたのですが、一瞬のことで写真も撮れませんでした。いずれ機会があったら、ぜひ泊まってみたいものです。

あちこちに心は残りますが、伊賀市まで行くには、途中でそれほど時間が取れません。とりあえず忍者屋敷がある甲南駅を目指しました。

この日は午前中が豪雨で、午後も弱い雨模様。着いた甲南駅はかなり寂れた雰囲気で、駅前にはバスやタクシーの姿もありません。忍者屋敷に行くにはタクシーを呼ばなければならず、計算すると時間的に厳しいようです。歩くにも距離があり過ぎ、しかたがないので周辺を散策だけすることにしました。

あてもなく歩いていたのですが、なかなか風情のある町並みで、新築の家も周囲との調和を意識した色や造りになっています。甲賀忍者のやつらはこんなところに住んでいたのかと想像しましたが、もっと山の中かもしれません。

歩いているとキリがないくらい古い家があって見とれてしまうので、駅に戻り、甲賀に行くことにしました。

## 地名は「こうか」。忍者は「こうが」

さて、『甲賀』は何と読むでしょう？

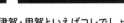

現地に行って初めて知ったのですが、甲賀の読みは「こうが」ではなく「こうか」とのこと。一般的に知られている「こうが」は間違いなのでしょうか？

気になり後で調べたところ、2004年に5町が合併して「甲賀市」となった際、「こうか」と「こうが」、どちらの読み方にするかで決戦投票が行われ、結果、従来の甲《こう》賀《か》郡《ぐん》を引き継いだ「こうか」が自治体名となったのだそうです。そのため、駅もインターチェンジも町名もすべて「こうか」。ただし、忍者関連だけは使い慣れた「こうが」のままでOKなのだとか。

駅は近代化された、きれいな建物です。あちこちに忍者を立体的に描いたトリックアートが描かれ、楽しめました。やっぱり観光の核は〝忍者〟ということなのでしょう。とは言っても、甲賀駅周辺もかなり寂れています。廃墟のような古い家がたくさんあり、とても駅前とは思えない様子。案内板に貼りついている忍者のオブジェさえモノ悲しく思えます。

しかし私はこういう雰囲気が好きなので、辺りを少し散策してみました。市街地は駅から離れたところにあるのでしょうが、駅の真ん前にも何か商売をしていた家の廃墟が残っています。もしかしたら旅館だったのかもしれません。

**近江の宿場町を感じさせる町並み**

土蔵造りの建物に「ようこそ甲賀町へ」という大きな看板がありました。これは旧甲賀町時代のものでしょうが、甲賀市になった今も、町名に「甲賀町」の名称が残っていますから、間違いとは言えません。

このときすでに午後5時を過ぎていたので、宿に急ぎました。甲賀と伊賀は、直線距離で考えれば山ひとつ向こうの近さなのですが、電車で行くのは意外に面倒です。草津線からさらに関西本線と伊賀鉄道に乗り継がねばなりません。

## 電車も忍者。駅にも店にも忍者がうようよ

急いで草津線へ乗り込みました。柘植《つげ》駅で関西本線に乗り換え、人家の少ないわりと平坦な線路を進んでいきます。さすが幹線だけあって、学生などたくさんの乗客です。奈良方面に折り返す感じで伊賀上野駅まで行くと、今度は着いたホーム先から出ている伊賀鉄道伊賀線に乗り換えて上野市《うえのし》駅へ向かいます。すぐに電車が出るとは知らず写真を撮っていると、マイクで「お急ぎくださいっ」と怒られ、慌てて電車に飛び乗りました。

伊賀鉄道の車両は古くてなかなか渋い深緑色ですが、フロント部分に松本零士《まつもとれいじ》デザインによる女忍者の顔が描かれたピンク色の「くのいち電車」が走っているのも見かけました。

この電車、いったんは車両更新で姿を消したものの、2009年から「新忍者列車」として見参。外観のペイントだけでなく、石畳デザインの床や、忍者が見え隠れする扉、手裏剣柄のカーテンなどの工夫が

町は忍者だらけ

**屋根に忍者が乗った「電気湯」**

凝らされ、人気を博しているそうです。

宿は伊賀鉄道の茅町《かやまち》駅が最寄りでしたが、たいした距離ではないので手前の上野市駅から歩いてみようと思っていました。どうせ素泊まりなので食事をとらなければならないし、歩きながら適当な店を見つけようという作戦です。

上野市駅に着いたのが午後6時過ぎ。駅舎は小さいけれど三角屋根の立派な建物で、甲賀地方の寂しい駅前を見てきた目には、かなりの都会に映ります。ロータリーもあるし、怪しそうな商店街もありました。

南に向かえばいいので道は簡単です。とりあえず「新天地」なる商店街を冷やかしてみようと思ったのですが、開いてる店は数えるほどしかありません。

大通りに出ると不思議な建物を発見しました。名前は「電気湯」で、屋根に黄色い忍者が腰掛けています。

「忍びの館」との看板もあり、銭湯なのか観光施設なのかわかりせん。伊賀に1泊した後は、町中忍者だらけなのにもそれほど驚かなくなりましたが、この「電気湯」は、銭湯だった建物をそのまま使い、現在は忍者のコスプレをしたりゲームをしたり、小規模なカラクリも楽しめる観光施設になっているようでした。

道は碁盤の目状に整い、大通りから交差点ごとに路地を覗くとなかなか雰囲気の良い小路がたくさんあります。適当に曲がってみると、あるわあるわ。ボロ家を含む風情のある町並みがいくらでも並んでいました。

しかし、食事ができる手頃な店は見つからないまま宿に着いてしまいました。

## 歴史ある宿に気が利く美人女将あり

『薫楽荘《くんらくそう》』。なかなか良い感じの建物です。すでの午後6時半は過ぎていますがまだ陽はあり、何でもいいから食事をしないと、スナック菓子で一晩過ごすことになってしまいます。

実は来るまでにラーメン屋やうどん屋はあったものの、伊賀牛のすき焼きでも喰うかと選り好みしている間に入りそびれてしまったのです。いま来た道を戻り、コンビニとカラオケスナックがあったので、最悪、どちらかで食い物を調達しようと思いつつ歩きまわっていると、ようやく中華料理屋を見つけました。

もはや選ぶ余地などありません。すぐさま餃子とチンジャオロースを注文。かなり歩いたあとなので、生ビールがひときわおいしく感じました。料理もかなりうまい店でした。

三重県は西日本と東日本の境界エリアといわれていますが、やはり名古屋の勢力下なのか店内にあったのは中日スポーツでした。

店を出ると、食事をしている間に一気に陽が落ちてしまったようで、暗くなった道を『薫楽荘』へ。玄関先で声をかけると若い女将さんが出てきました。凄く丁寧かつ愛想のよい美人さんで、「この宿は創業して百年以上になるので、あちこちギシギシいうんですよ。すみません」と2階へ案内してくれます。

思わず「おお〜っ」と声が出ました。それはもう雰囲気満点の和室で、墨鮮やかに漢詩が書かれた襖が見事なものです。欄間の細工も素晴らしく、明治時代でも結構、立派な造りだったのではないでしょうか。私は知りませんでしたが、歴史ある知る人ぞ知る有名旅館なのかもしれません。

女将さんはお茶を入れる間に「今日はお仕事ですか」などと話しかけてきましたが、関西弁アクセントです。女性が関西弁で丁寧にしゃべるのは、けっこういいですね。

宿は先々代が始めたものの、二代目の時は休館しており、三代目に当たる女将さんたちの代になって再開したのだとか。

「建物は当時のままなので古くて冬は寒いし大変ですが、そこが良いと言ってくださるお客様もいらっしゃって。おかげさまでなんとかやっております」

2階の一部にくつろぎスペースが設けられ、民芸調の置物などが置かれています。女将さんが居心地いいようにと気遣いしているのが伝わってきました。

女将さんは、チャンネル式のテレビに恐縮していましたが、私にとっては子供の頃に慣れ親しんだもの。いまさら戸惑うことなどありません。

話を聞くと、ゴールデンウィーク中は大変な混雑で、5室しかないこともあってずっと満室だったとか。それに比べ、この

『薫楽荘』は予想以上の掘り出し物！

日の客は私ひとりきり。申し訳ないと思いました。

「連休中は、みんな忍者の衣装を借りて町中を散策するんですよ。秋になると天神様のだんじり祭りがあって、京都や高山に似た感じの山車が出ます。鬼の面をかぶった行列も出ますが、とても珍しいんだそうです。そのときにまたいらっしゃってください」

夕食は中華料理屋で中日スポーツを
読みながら餃子とチンジャオロース

雰囲気満点の和室に大感激

この年で忍者の格好をして町を歩くのはいやだなあ、と思いましたが、女将さんによると、子供連れはもちろん、いい年のカップルも「この際だから」と結構、着ているのだとか。

夜は、貸し切り状態のお風呂にゆっくり浸かり、部屋でたくさんもらった伊賀のパンフレットを見たりしてるうちに眠くなり、早く寝てしまいました。

美人女将の気遣いが感じられる休憩所

小さいながら清潔なお風呂

朝めざめると、いい天気です。部屋から、昔は花街だったという宿の前の路地を見ると、向かいにも2軒の宿屋がありました。が、古い建物のままなのは『薫楽荘』を入れて2軒だけのようです。

簡単な朝食なら用意できるとのことなので、指定した時間に1階の食堂へ。かなり広い大広間を貸し切ってひとりでの食事をしました。テレビの真ん前の席に配膳しながら「少し冷えるので軽くストーブを点けておきました」と女将さん。テーブルの脇にはテレビのリモコンと朝刊が置いてあります。こんなに気配りの行き届いたカミさんをつかまえたご主人は、ラッキーな野郎です。

出発の際、改めて1階の入り口付近を見ると、大きな柱時計がかかり、障子や襖の感じもなかなかのもの。こんないい宿を見つけられた喜びでいっぱいで、いずれ天神様の秋祭りに再訪しなければならないと思いました。

## 女子学生の「どんでん返し」にドキドキハラハラ

機嫌良く宿を出発し、町の散策に出かけました。最終目的地は上野市駅近くにある上野城と伊賀忍者屋敷です。甲賀の忍者屋敷は見られなかったので、ここが最大のハイライトのはず。

女将さんに見どころを聞いていたので、まず松尾芭蕉が住んでいたという「蓑虫庵《みのむしあん》」を訪ねてみました。

往時の花街を偲ばせる風情ある通り。
向かいの『いとう旅館』も花街時代からの生き残り。
残念ながら2017年現在は営業停止している

松尾芭蕉は伊賀の生まれで、実は忍者だったという説も聞かれる地元の有名人です。建物自体は質素で小さいのですが、今の感覚からすると庭も広大だし、全体としてはかなり贅沢な方でしょう。

この部屋でしばらく寝泊まりできたら、案外、傑作な俳句が浮かんできそうです。ただ、客もそれなりに多く、騒がしいのは覚悟しないといけませんが。

忍者屋敷で美人のくのいちにドキリ

しかしこうした名所に行かなくても、伊賀の町には雰囲気の良い古い家がいくらでもあり、写真を撮っているとキリがないほどです。

町並みに見とれつつ北に向かって歩いているうち、伊賀鉄道の踏み切りを渡って上野城の領域へ。ここの天守は再建なので中には入りませんでしたが、きれいで優雅です。石垣もかなり高いにもかかわらず、ろくに手すりがないため迫力がありました。

さて、いよいよ伊賀忍者屋敷です。お城の敷地内にある「伊賀流忍者博物館」の中にありました。よくシステムがわからなかったのですが、ある程度客が集まると、案内の「くのいち」が客を引きつれ屋敷の中を解説しながら見学するようです。

待っていると、前の組が終わってもほかの客が来ないのでマンツーマンで解説してもらうことになりました。

地元の女子学生バイトなのか、凄くかわいい「くのいち」に当たりました。

彼女が、どんでん返しや抜け道などの仕掛けを解説してくれるのですが、ただ口で説明するだけでなく、素早く姿を消すといった実演もしてくれるので、見ていてドキドキハラハラです。

「どんでん返し」の部屋では、「今この部屋を忍者が見張っています。どこに隠れているかわかりますか?」と質問されましたが、さっぱりわかりません。すると「くのいち」がスイッチを押し、少し影になった欄間の奥にライトが当たります。途端に隠れて様子をうかがっている忍者の姿が浮かび上がる仕組みになっていました。こうした仕掛けが屋敷のあちこちにあるので結構、楽しめます。

それに、どんでん返しには自分で挑戦もできます。やってみると、隠れるのは簡単なのですが、勢いがつき過ぎて、そのまま戸が回って表に出てきてしまい間抜けなことに。解説の「くのいち」たちは訓練されているのでしょうが、前の組の女性は縁側の隠し戸から素早く逃走する実演の時、「いてでで」と言っていました。どこかぶつけたのかもしれません。

このほかにも、博物館には当時の忍者村を再現したジオラマや、実物の手裏剣や衣装などの展示があり、忍者ショーのアトラクションまでやっていました。すっかり影響された私は、思わず売店でゴム製の手裏剣と、忍者刀のストラップを衝動買いしてしまいました。

## 鬼の面を被って練り歩く奇祭「鬼行列」

忍者屋敷を出たあとは『薫楽荘』の美人女将が「絶対にオススメですよ」と言っていた「だんじり会館」へ。国指定の重要無形民俗文化財になっている「上野天神祭」で使われる山車などが展示されているところです。

金糸、銀糸などで贅《ぜい》を凝らした山車も見事ですが、なんといってもこの祭りで特筆すべきは「鬼行列」です。会館内ではその様子が再現されていました。

それにしても鬼の面はかなりの気持ち悪さです。こんな扮装をした行列が町中を練り歩く祭りとは、どういう謂われなのでしょう？

不思議に思っていると、会館の人がやってきて説明をしてくれました。それによると、鎮西八郎為朝《ちんぜいはちろうためとも》＝源為朝《みなもとのためとも》が鬼ヶ島で征伐した鬼を従えて凱旋する姿と、山伏《やまぶし》の元祖である「役行者《えんのぎょうじゃ》」が赤鬼や青鬼を従えて大峯山《おおみねさん》に入山する姿を表現したものと、地域によって2つの意味合いがあるとのこと。いずれにしても「鬼行列」の目的は、鬼を屈服させ、悪疫を退散させることのようです。

400年の歴史を持つといわれる祭りが脈々と伝えられてきたのは、確固たるルールがあったからのようで、町ごとに山車が決まっており、そこに生まれた人はずっと同じ山車を引き、鬼の家に生まれた人は、ずっと鬼の面を被って練り歩くのだとか。理由も何も、昔からの決まりなのだから仕方ないのだそうです。

「最近は少子高齢化で、ほかの町から応援を受けるようにな

**多種多様な鬼が町を練り歩く「鬼行列」**

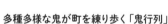

っています。でもその応援する町もきちんと決められているんですよ」

見慣れてくると、それなりに愛着も覚え、自分も被って応援したいような気になりました。

このあとは伊賀鉄道と関西本線を乗り継ぎ名古屋に出るつもりでしたが、駅に着くと関西本線が保守工事のため運休しているとのこと。計画を立てて歩かないと、こういうことになってしまいます。

駅員は、伊賀神戸《いがかんべ》駅まで行って近鉄に乗り換えてくださいと言うのですが、関西線に乗るなら関宿《せきじゅく》や亀山で途中下車してみようという計画も考えていたのですが、あきらめました。結局、高速バスで一気に名古屋に行くことにしました。調べると、けっこう本数がありました。

待合室はのどかなムードで、入り口には松尾芭蕉の像が建っています。時間があったのでお昼を駅前のうどん屋で食べました。つゆだくの親子丼はおいしかったのですが、漬物や味噌汁の味付けが東日本とは違います。


いつまでも歩いていたくなる雰囲気のある町並み

これで忍者の里めぐりも終わりです。いまどきこれほど町全体がハッキリ個性を持ったところは珍しいのではないでしょうか。戦災を免れたのが大きいとのことですが、とても貴重なエリアだと思います。観光目的でも何でもいいから、この雰囲気を大事にしてほしいものです。

昔は伊賀盆地に入るには峠越えに多くの危険が伴ったそうですが、現代の高速バスはあっという間。途中、伊勢神宮や志摩方面の標識が見え、行ってみたい衝動にかられたのですが、なんとか我慢して、おとなしく名古屋から新幹線に乗って東京に帰りました。

**伊賀　薫楽荘**

〒518-0842 三重県伊賀市上野桑町1473
☎0595-21-0027

# 第五章

# 伊勢から鳥羽へ
# 歴史を訪ねる旅

## 外国人客に人気の唐破風屋根の町宿

甲賀・伊賀の忍者ツアーから戻って間もなく、伊勢志摩方面に行く機会を得たのは、２０１０年8月です。四日市《よっかいち》市と伊勢市に用事ができたのを幸い、2泊の予定でお伊勢参りをしてくることにしました。名古屋からＪＲ関西本線で河原田《かわらだ》駅まで行き、用事を済ませた後は、伊勢鉄道に乗って伊勢市駅へ向かうルートです。

行ってみると河原田駅は無人の渋い駅でした。やたら天気が良く、暑くても気持ち良かったのですが、閑散としたホームで1時間近く待つのは疲れるものです。見れば辺りの田んぼはもう稲刈りを始めていました。三重県が出資している第三セクター式の伊勢鉄道は鈴鹿も通るので、もしかしたらＦ１ファンには知られているローカル線かもしれません。

やっと来た電車で津《つ》まで行き、またＪＲに乗り換えて伊勢市に。夕方までに仕事を終え、再び伊勢市駅に戻りました。駅は伊勢神宮の「外宮《げくう》」そばなのですが、午後6時を過ぎていたので参拝は翌日に回し、急いで宿に向かいます。

この日はネットで調べ、渋そうな『星出館《ほしでかん》』という旅館を予約していました。伊勢市駅はＪＲと近鉄の駅が隣接しており、宿は近鉄サイドから少し歩

初めてなのに懐かしい河原田駅

いたところにありました。途中、河崎商店街という寂れたアーケードがあって、なかなかの雰囲気です。

午後6時過ぎに汗だくで宿に到着すると、期待以上に渋い宿でした。木造2階建てで入り口は唐破風《からはふ》の屋根。古い木製の看板も風格がありました。辺りは昔、栄えたエリアで、宿の脇の

『星出館』の玄関は優雅な曲線を描く唐破風屋根

ガラス戸に大きな柱時計のある『星出館』の玄関

**中庭を見渡せるように回廊が巡らされた２階**

道にも古い家が並んでいます。さすが伊勢です。

入り口には古い柱時計もあり、典型的な古い和風旅館の趣があります。もう私は、玄関に一歩足を踏み入れただけで、この宿にして良かったと感激してしまったくらいです。

どんな名物女将が出て来るのかと思ったら、スタッフは若い女性ばかりで、部屋に案内する前にお風呂やトイレなどの説明がありました。ここは海外のガイドブックで紹介されているため外国人のお客が多いそうで、各所に英語の説明書きがあります。

特にお風呂は英語で入り方を解説するだけでなく、風呂場とは別にシャワーブースまで設けてあるほど。だいたい古い宿は日本人より外国人が評価してくれる傾向にあるようです。

２階にあがると渡り廊下があり、小さい中庭が見えました。「水琴窟《すいきんくつ》」が設えてあります。竹筒に水を流すと音がする仕組みで、ちょっとやってみたら楽器のようなきれいな音がしました。

そんなに広い敷地ではありませんが　どこも凝った造りになっています。私が泊まったのは道路に面した格子戸の部屋で、飾り障子もありました。とても落ち付いた雰囲気です。

宿の正面に面しており、窓を開けると、ちょうど唐破風屋根の上でした。部屋に案内してくれたスタッフによると、この辺は川に面した古い商業町に近く、昔は伊勢神宮に参詣する人を乗せた船や物資が集まり賑わったんだとか。古い町並みが残っているとのことなので楽しみです。

## 客のスリッパを並べ直す日本通な白人女性

大急ぎでお風呂に入り汗を流すと、7時から1階の広間で夕食です。時間ピッタリに行くと誰もいませんでしたが、そのうち中年夫婦とその母親らしき家族連れ、若い女性の2人組、20代の白人カップルなどが入ってきました。

2人組は廊下で会った時に挨拶はしていましたが、なぜか浴衣をたくしあげて脚を出しているので、ちょっと興奮。最近はこういうのが流行っているのでしょうか。

白人カップルは、私とほぼ同時間にチェックイン。女の子がえらいもので、食堂に入る時に脱いだスリッパを皆の分まで並べ直していました。今どきの日本人でもなかなかやらないことで、日本滞在が長いのかもしれません。


宿付近の夜は早く、営業していたのは古本屋だけ

肝心の食事は、鰹のたたきと天ぷら中心で、副菜の照り焼き風に焼いた鰯がすごく美味しかったです。ビールも各銘柄をひと通りそろえてあり、なかなか気が利いていました。

食事のあとは散歩に出動。真っ暗な中でも古い家や蔵が立ち並ぶようすがうかがえます。蔵を改造したカフェや、雑貨屋、菓子屋などもありましたがもう閉まっており、開いていたのは古本屋さんくらいです。それにしても風情がありました。

部屋から仰ぐ月

町並みの裏を流れる勢《せ》田川《たがわ》は、昔、交通に使われ、伊勢神宮の参詣客が船で行き来したようです。この周辺は、ずいぶん賑やかだったに違いありません。

この日は天気が良く、月も星もよく見えたので『星出館』に泊まった甲斐があるというものです。1時間くらい歩いて宿に戻ったときの、暗闇にぼーっと浮かぶ宿の様子は本当に感激ものでした。

翌朝は男性スタッフも見かけたのですが、結局、誰がご主人なのかわからずじまい。それでも非常に応対が丁寧で、行き届いた気配りのある宿でした。

見送りに出た男性スタッフに、伊勢神宮や鳥羽のパンフレットもらい出発。伊勢神宮は、高校の修学旅行以来です。あれからだいぶ汚れてしまった私の心も、今回の参詣で清められるのかどうか。

## 伊勢神宮の参道で理想的な〝ボロ宿〟発見！

さて来てはみたものの、伊勢神宮は規模が大き過ぎて、どうお参りしていいのかさっぱりわかりません。観光案内のリーフレットを見ると、外宮《げくう》と内宮《ないくう》があり、ちょっと離れている様子。どちらも広大なので、両方に行くのは難しいかもしれません。

いずれにしても、近鉄の宇治山田駅がバスの発着など観光の拠点になっているようなので、まずは宇治山田駅へ。地図を見る限り歩いても大した距離ではなさそうなのでだいたいの見当で出かけると、近鉄とＪＲの線路を越えたところに駅が見えてきました。

思った以上に豪華で風格があります。登録有形文化財になっているそうです。周辺も、伊勢市駅より栄えた感じでした。恐らく伊勢神宮参詣の玄関口として、古くから日本全国の人たちに利用されてきたのでしょう。駅ナカも広々とし、最近の駅にはないレトロな雰囲気が漂っています。近鉄が奈良観光を宣伝するためか、ゆるキャラ〝せんとくん〟もいました。

コインロッカーに荷物を預け、とりあえず外宮に向かって歩き出しました。通り沿いには古い民家と近代的な新築住宅が混在していましたが、どの家も玄関にしめ縄を飾って「笑門」と書かれたお札を貼ってあります。正月でもないのにしめ縄を付けるのは、神宮のお膝元ならではの風習なのでしょうか。

適当に歩いていると、突如として賑やかな外宮の参道に出ました。昨日、通った道でした。歩いて行くと、とんでもなく立派な〝ボロ宿〟が建っていました。『山田館』です。

木造3階建ての三連構造になった不思議な造りで、見たところ営業もしているようです。いつ頃の写真かわかりませんが、玄関口に展示してあった昔の写真と比べてみると、見た目はそれほど変わっていません。この状態で営業を続けるにはかなりの苦労があったと思いますが、よくぞ残っていたものと感心します。

あとで調べてみたところ、創業者が宮大工で、およそ百年前に自分で建てた宿なのだそうです。鉄筋の別館もあるようですが、立地条件もいいので、これからも繁盛していけばいいなと思います。「こっちに泊まってもよかったな」と思ったのですが、そうすると『星出館』に泊まることはできなかったので、難しいところです。でも今度伊勢に来るとしたら、ぜひこの宿に泊まってみたいと思いました。

『山田館』を発見して嬉しくなり、そのまま外宮まで足を延ばしてみました。しかし入り口に着いてみれば、やはり奥行きは相当に深そうです。朝

『山田館』。この宿を見つけただけで来た甲斐があった!?

から気温も高く、あまり長い距離を歩くのはしんどかったので、外宮は断念することに。

外宮前から出ている内宮行きのバスに乗車。中は観光客で混んでいましたが、スーツ姿に革靴は私だけ。荷物はコインロッカーに預けたのでカメラだけをぶらさげた、かなり場違いな格好でした。

## 伊勢神宮への参詣は日本人の旅の原点か

15分ほどで内宮到着。降りると土産物屋や飲食店が軒を連ね、凄い賑わいです。参道で遊ぶのは後回しにし、まずはお参りを済ませようと鳥居から宇治橋を渡って伊勢神宮に足を踏み入れました。橋の下を流れる五十鈴川《いすずがわ》には白鷺なども遊んでいてのどかな様子ですが、平日とはいえ観光客が結構います。神様がいる御正宮《ごしょうぐう》まではかなりの距離ですが、木々が繁っているので、それほど暑さは感じません。それでも長い砂利道を革靴とスーツで歩くマヌケは私くらいでしょう。

途中の休憩所に鶏がいましたが、これは神の使いとされる〝神鶏《しんけい》〟なので、いじめたりしてはいけないそうです。この休憩所では神宮にまつわる行事の様子をビデオで紹介していたので、休みがてらしばらく見学することに。なかなかタメになりました。

いよいよ御正宮です。混んでいると思ったのですが、すぐに自分の番が回ってきました。たぶんこのくらいだと空いているほうなのでしょう。ポケットを探ったら小銭が12円出てきたので、全額を賽銭箱に入れて世界平和と人々の幸せを祈りました。

無事に参詣が終わり、ゆっくり参道の「おはらい町通り」や、五十鈴川の河原を散策。とにかく暑いので、熱中症防止のためカフェに入りました。いったんクーラーの効いた店に入ると、動くのがいやになります。

さらに歩いていくと「赤福本店」を発見。繁盛しています。私はあんこ系は苦手なのでパスしましたが、茶店では赤福かき氷もやっていて、大混雑でした。

「赤福本店」の前に「おかげ横町」という脇道があったので入っていくと、ここも古い建物が集まった賑やかな土産物屋街で、大勢の観光客が集まっています。

まだ昼前だったのですが、通りの店で伊勢うどんを食べてみることに。なんだか全然コシのない不思議なうどんでしたが、非常にシンプルで、いかにも昔のお伊勢参りの人々が軽食として食べたような歴史を感じます。長い旅をしてきた江戸時代の人にとっては、これもごちそうだったのでしょう。

建物の佇まいが芝居小屋のような「おかげ座」が、「おかげ参り」のテーマ館だと聞いて入ってみました。カラクリ人形を使ったシアターで当時の状況を解説してくれるほか、「おかげ参り」の様子を再現した2分の1縮尺の模型もあります。障子に映る人影が踊っているなど、細かいところまでよくできていました。

伊勢の人たちは、四国のお遍路さん同様、寝泊まりや食事に困った参詣者を無料で助ける「施行《せぎょう》」を行っていたとのこと。もちろん信仰が前提にあるのでしょうが、外来者を労《いたわ》る文化はいいものです。

「おかげ座」は、まるでお座敷で古い民謡でも聴いているような、不思議なタイプスリップ感がありました。考えてみれば「おかげ参り」は日本人の旅文化の原点かもしれません。一般人がなかなか長旅などできない時代、各地に庶民的な宿場や街道が発達したのは「お伊勢参り」という口実があったからでしょう。

当時の旅には現代人が見ても郷愁を感じる部分があります。危険を伴う苦しい長旅ですが、「おかげ座」で再現されてるような木賃宿や旅籠が今もあればぜひ泊まってみたいものです。

この日の泊まりは鳥羽なので、バスで宇治山田駅に戻り、電車で鳥羽に向かいました。後ろ髪を引かれる思いでしたが『山田館』という宿を見つけたので、伊勢を再訪する機会をぜひとも作りたいと思います。

## 大あさり焼きをがっつき上唇を火傷

鳥羽には高校時代に一度来ていますが、まったく記憶がありません。伊勢から近鉄で鳥羽に着いたのは午後3時頃で、天気が良かったので鳥羽湾が凄くきれいに見えました。駅のすぐそばに日和山《ひよりやま》という小高い丘がありますす。きっと、かつては漁師が天気を観望するのに絶好の場所だったに違いありません。

この日予約した『旅館　海月《かいげつ》』は、ホームページで歴史を読んで気に入った宿です。

創業は明治時代。船大工で棟梁の江崎久助さんという人が日本伝統の木造船を造る会社を立ち上げ、商売の必要から、江戸や上方、三河の商人や船人が泊まる船宿を建てたのが前身だとか。大正か昭和の頃の写真も出ていましたが、実に良い感じです。

すでに建て替えられて昔の面影はありませんが、それだけの歴史を持った宿なのです。

チェックインには早かったのですが、とりあえず行ってみました。駅から近く、昔は京都の羅城門《らしょうもん》から続く「鳥羽街道」として栄え、新しくは「岩崎通り」と呼ばれた主要街道に面しています。

場所を確認後、再び駅に戻り、隣接した古びた商業ビルの定食屋で食事をしました。この日は夕食を頼んでいないので、食べてしまっても別に問題はないのです。

魚介が美味しそうだったので、刺身の盛り合わせと大あさり焼きを注文したら、この大あさりがあまり

鳥羽名物の大あさり焼き

にも旨く、ネギを加えて醤油焼きにした別バージョンも追加。これまた旨かったので、貝殻から直接、出し汁を飲んでやろうと口を付けたら思った以上に熱く焼けていて、唇を火傷してしまいました。店の人が「凄く熱いから気をつけて」と言っていたのに聞き流してしまったのが失敗でした。唇を冷やそうと、やむなく生ビールを3杯もおかわりしてしまいました。

食事の後、すぐにチェックインしてもよかったのですが、宿に向かう途中、一般公開されている古民家を発見しました。こういうのを見ると、つい寄り道してしまいます。

なんでも町医者として鳥羽に長く住んでいた「伊良子清白《いらこせいはく》」という詩人の家だそうで、見学は無料。私が中の様子を窺っていると、「どうぞどうぞ」と、案内のおっちゃんが出てきました。伊良子清白という人はまったくの初耳でしたが「孔雀船」という有名な詩集の作者で、明治詩壇の鬼才といわれた人のようです。

案内のおっちゃんが言うには、伊良子清白の詩が文語調だったため、その後の自然主義のトレンドに乗り切れず、詩人としてはさほど評価されずに終わったのだとか。あちこちを漂流した末に鳥羽市に落ち着き、町医者をやっていたそうで、鳥羽では詩人というより医者として知られていたとのことです。

この家からも鳥羽湾の島々がよく見えます。当日は時間のせいか確認できませんでしたが、三島由紀夫の小説「潮騒」の舞台となった神島《かみしま》もはっきり見えるとのこと。

とにかくこのおっちゃんが博識で、1階から2階にかけてマンツーマンで案内してもらいながら建物の構造から建築資材の特徴、さらには目の前に見える島の歴史や、江戸川乱歩が鳥羽に滞在していたときの話などを解説してくれました。実におもしろかったです。

さらに歩いていくと、かの有名な「ミキモト真珠島」に到着。中で海女《あま》の仕事を見せるデモンストレーションもやっているようですが、時間が遅いため入るのはやめておきました。

近くには鳥羽湾を遊覧する船も浮かんでいます。龍宮城だかなんだか知りませんが、ヤケに派手な装飾で、どういうことでしょう。考えてみれば日本各地の観光地には派手な遊覧船が溢れています。だいたい鳥羽の海と龍宮城がどういう関係があるのか。よくわからないので乗ってやろうと思いましたが、発券所に行ってみると、最終の船がちょうど終わった後でした。

## 明治20年創業の船宿で、またも美人女将に遭遇

時計が午後5時近くなったので宿にチェックインすると、大女将なのか若女将なのかわかりませんが、かなりの美人が現れました。言葉は温かみのある関西系のアクセントで、芸能人と見間違うほどの姿です。洗練された応対で3階の部屋に案内してくれました。

建物自体は改築されてホテルのようなビルですが、部屋は20畳敷きの二間続き。全体に古びてはいますが、私などめったに泊まったことがない立派な部屋で、広すぎてひとりでは不便なくらいです。

ちょっと横になって休んでいるうち、お腹が空いてきました。近所でラーメンでも食べようと外に出かけると、宿の前の通りはかなり寂しい感じです。

探すと、魚を食べさせる店は何軒もありました。しかし私が食べたいのはラーメンです。しつこく歩き回り、ついにラーメン屋を発見。すかさず入ると店内はいい感じに寂れてます。

とりあえず普通のラーメンを注文。出てきたのはちょっと濃い色のスープに、かまぼこが入っていました。和歌山系の豚骨醤油かと思ったのですが、食べてみると昔懐かしいシンプルな醤油ラーメンで、実においい

古いながら20畳の贅沢な客室

しいのです。

店に入った時は中日スポーツを読んでおり、あまり愛想の良くない店主でしたが、ラーメンに関してはタダ者ではありません。

ブラブラしながら宿へ戻ると女将さんが出迎えてくれ、「お風呂に入んなはれ」と優しく言うのです。なんという気の利きようでしょう。すぐに4階大浴場に直行。海がよく見える眺めのいい大浴場でゆっくりくつろぎました。

1日歩き回って疲れていたせいか、風呂からあがるとそのまま寝入ってしまったようです。

翌朝7時30分、囲炉裏が切ってある広い食事処で朝食をいただきました。メニューは旅館の定番ですが、味噌汁には地物らしい海草が入っており、濃厚な磯の香りがしておいしかったです。

その日は特に予定がなかったので、「伊良湖《いらこ》岬まで行く伊勢湾フェリーが9月で廃止になるので乗ってみたらどうですか」と言う女将さんのアドバイスに従うことにしました。

## 海をわたり「潮騒」の舞台、神島へ

しかしよく考えてみて、どうせ渥美半島に向かうのなら、三島由

市営船で神島へ

「民宿山海荘」。“とばーがー”とは？

斜面を利用して建ち並ぶ民家

紀夫の小説「潮騒」の舞台となった「神島」に行ってみたくなりました。島の漁師・新治と、裕福な家の娘・初江の青春純愛ストーリーで、印象強いのは山口百恵・三浦友和版の映画です。

「神島に行くなら10時前に市営船が出るはずやから、今から行けばちょうどいいですわ」

出かけに女将がおにぎりを2個くれました。

「趣味で作っているおむすびですけど、よかったらお持ちになりますか」と聞かれたので、有り難くもらいました。これから島に渡れば、飲食店があるかどうかもわかりません。おにぎりを持っていればどれだけ心強いか。心から感謝して宿を後にしました。

ただ問題は、島に渡った後、さらに伊良湖岬に行く船が都合よくあるかどうか。さらにそこから新幹線駅の豊橋までアクセスは大丈夫かという点です。まあ港に行けばわかるでしょう。

港に着くと、旅客ターミナルは古いながらも大規模なもので、いろんなルートで就航されています。船を乗り継げば、神島で2時間ほどの時間が取れることがわかりました。

とりあえず午前10時40分出航の市営船に乗り込むと、けっこう乗客がいました。この船はいくつかの島を回り、まずは答志島《とうしじま》に寄って、そのあとが神島です。

船は小型でもスピードがあり、遠くに見えていた神島が、どんどん近づいてきます。晴れた日に船に乗るのは、ほんとうに気持ちのいいものです。最高の気分でした。

島の時計台

港に近づくと海岸に沿ってけっこう人家もあり、船もたくさん係留されています。『山海荘《さんかいそう》』という民宿らしき建物の看板も見え、日程が合えば島に1泊したいところです。

浮桟橋の船着場にはちょっとした待合室があり、クーラーが効いていました。いちおう確認してみると、伊良湖岬に行く船は午後2時出航。2時間半ほど時間がありました。

いよいよ「潮騒」の舞台に上陸です。天候に恵まれ、本当に海がきれいです。それにしてもこんな風に突然、訪問することになるとは思いませんでした。

桟橋のそばに島の全体像がわかる観光案内版がありました。基本的には歩いて島を周回する道路があり、これを2時間ほどで回るのが一般的な観光コースのようです。

景色のいい灯台や、「潮騒」で重要な舞台となった旧軍施設の廃墟も見られ、椎名誠が「わしらは怪しい探険隊」に書いた浜もあるらしいのですが、アップダウンの激しい悪路なのだとか。

平地を2時間歩くならまだしも、スーツと革靴、重いカバンを提げての山道はキツそうです。待合所の人に尋ねてみると、止めときなさいととめられました。

いったん食堂に入ってアイスコーヒーを飲みながら考えること10分。一周するのは諦め、映画に出てきた「八代《やつしろ》神社」に行ってみることにしました。

そんな私の脇を、港で一緒だったおっちゃんおばちゃんたち15人ほどの団体が、トレッキング装備で元気に出発して行きます。同じ船に乗っていた若い男女のグループは、釣竿を持って埠頭へ向かうようです。

ひとり残された私も、ぼちぼち歩き始めました。それにしても神島は、コンクリートの階段だらけです。山に貼りつくように集落ができているのでしょうがありません。

船から見えた『民宿山海荘』が、階段の途中にありました。外観は島の宿というより近代的な建物で、宿泊客も多い様子。若い女性客が歩いてきたので「これから一周するんですか」と声をかけてみたところ、「私たちは昨日、一周してきました。けっこうきついですよ」と笑っていました。やめて正解だったようです。

ちなみにこの宿にはご当地ハンバーガーらしき〝とばーがー〟の幟《のぼり》が出ていました。

## 山上の八代神社で美人女将のおにぎりを食べる

山上を目指して歩いていくと、狭い路地に古びた民家が建ち並び、素朴でいい雰囲気です。途中、大きな時計台に出くわしました。かつては島で唯一の時計で、島民はこの時間を中心に生活を送っていたのだそうです。

すぐ近くに昔の洗濯場もありました。ここも島の生活にとっては欠かせない水場で、島民のコミュニケーションの場でもあったとか。この向かいに建つ寺田さん宅は、三島由紀夫が滞在した時に世話をした家とのことです。

さらに上り、分岐点を折れて八代神社に向かいました。高台の道は眺めがよく、集落全体を見渡せます。狭い土地に、けっこうな数の家が建て込み、向かいの丘にはお寺らしき建物もあります。どこもかしこも坂道だらけで、生活するのは大変かもしれません。

八代神社へ続く石段に到着。これがとてつもなく長い階段で、はるか上の方に鳥居が見えました。私は長い石段の上にお社《やしろ》がある場合、体力温存のため下から拝ませていただくことにしていますが、今回ばかりは上がってみることにしました。

吉永小百合版の映画のロケに使われたらしく、途中に石段をのぼるシーンのスチールが飾ってありました。写真の中の吉永小百合は笑いながら上っていますが、実際には2百段以上続くキツイ石段です。途中で何回も休みながら、ようやく上の境内に到着。もう全身、水浴びでもしたように汗だくです。

さらに階段を上がったところにある最後の鳥居をくぐると、何か作業していたおっちゃんが「こんにちは」というので、私は息も絶え絶えで挨拶しました。

さすがにここまで来ると、眺めは最高です。知多《ちた》半島が手に取るようにハッキリ見え、島の近くを通る大きな船もよく見えます。この景色が見られただけで、上ってきた甲斐がありました。

緑濃い境内は涼しく、ここで『海月』でもらったおにぎりを食べることにしました。日陰に陣取り、女将お手製の弁当を広げます。生ぬるいお茶しかなかったのですが、昆布とたらこのおにぎりの、なんと美味しかったことか。

「シチュエーションと食べ物が関連づけられた記憶は強く残る」という私の法則からすると、この境内でのおにぎりの美味しさはずっと忘れないでしょう。

神社でのんびりした後は、山を下りて集落を見て歩きました。桟橋から上がった通りは、言わば島のメインストリートで、公共施設や郵便局などがありました。が、車がまったく通らないので、子供がスケボーで遊んでいます。

自販機でアイスコーヒーを買って公民館みたいな建物の前のベンチに腰掛けて飲んでいると、島一周トレッキングに出かけたおっちゃんおばちゃん軍団が戻って来るではないですか。どうみても平均年齢60～70のグループなのに、なんという体力でしょう。

そのうち浮桟橋には、伊良湖岬に向かう船が到着しました。小さな船で、走り出すとかなり揺れるうえ、海面すれすれに座っている感覚でスリル抜群でした。

15分ほどで着いた伊良湖岬はさすがに都会で、結局そこからバスで豊橋鉄道の「三河田原」という駅まで行き、豊橋鉄道に乗って豊橋へ。新幹線で東京に着いたのは夜でした。

ほんの少しとはいえ、「神島」に寄ってよかったと思いました。ただ、少なくとも1泊して、島一周のトレッキングをしないことには本当に行ったことにはならないと思いました。

**伊勢　星出館**

〒516-0009 三重県伊勢市河崎2-15-2
☎0596-28-2377

**伊勢　旅館 海月**

〒517-0011 三重県鳥羽市鳥羽1-10-52
☎0599-26-2056

第六章

# 四国から瀬戸内を渡って尾道へ

## 共同湯番付〝西の横綱〟「道後温泉本館」へ

長年の憧れだった道後温泉に行ったのは、2010年3月です。

午前中に松山空港に到着し、その日は温泉に行く以外に何の計画もなかったので、まず駅の立ち食いで「じゃこカツうどん」を食べ、それから路面電車に乗って松山城へ行くことにしました。

町中を蒸気機関車を模した「坊っちゃん列車」なども走っており、なかなかの楽しさです。

途中の大手町駅付近で、路面電車と伊予鉄道の線路が交差している部分を発見。以前に何かの本で読んだ、日本では珍しい「平面交差」というやつではないかと慌てて写真を撮りました。あとで調べるとやはりそうで、鉄道好きにとっては「何をいまさら」というくらい有名なスポットのようです。

松山城の天守閣は江戸時代はじめに創建されたと聞いていましたが、案内書をみると安政年間に再建されたとのこと。同じ江戸時代と言ってもほとんど幕末です。櫓《やぐら》や小天守はもっと新しいようで、城としてはそれほど古い建物ではありません。

それでも町の中心にあるせいか眺めは最高です。この日は雨が吹き込んで大変でしたが、当時は立派な要害《ようがい》だったのでしょう。鎧《よろい》などの展示物も見もので、面白いお城でした。

ですが、雨風が強くなってきたので早々に温泉に向かうことに。松山城からタクシーに乗ると、運転手さんが「3月20日を過ぎると春休みで観光客が増えるけど、この時期は朝と夕方以外はゆっくり入れるぞなもし」ということでした（ぞなもしは嘘）。

道後温泉の代名詞とも言うべき『道後温泉本館』は、宮崎駿《みやざきはやお》監督の映画『千と千尋の神隠し』に出てくる〝油屋〟のモデルとも言われる共同浴場です。明治時代に建築された歴史ある重要文化財が、いまもそのまま使われているのだから驚きます。

　受付では4種類の切符が売られていました。2つの浴場と2つの休憩室をどう使うかの組み合わせで、私はよくわからないまま「霊《たま》の湯2階席」（霊の湯に入り、2階の大広間で休憩可能）を選択。休憩室には浴衣と茶菓子付きで、皇族用のお風呂が見学できるというコースでした。

「霊の湯」は天候のせいかガラすきで、上がりかけのおっちゃんひとり

“坊ちゃん列車”は人力で方向転換

西日本を代表する「道後温泉本館」

神の湯の休憩室。柱が白くなっているのがわかるだろうか？

しかいません。レトロな雰囲気に加え、温泉かけ流しのアルカリ単純泉。肌がツルツルになりました。

風呂から出ると皇族専用の「又新殿《ゆうしんでん》」に案内され、豪華なお風呂や休憩室などを見学。いわば〝ボロ宿〟の対極ともいえる金箔・銀箔張りの豪華な部屋で、浴槽も大きな石を掘り抜いた贅沢なもの。本来やんごとなきご身分の御方が使われるお風呂を、こんなところで紹介していいのかどうか。とにかく、なかなか興味深いものでした。

1階の「神の湯」が昔からの共同浴場で、広くてかなり混んでいました。ここは入るだけなら400円。2階の休憩室付きが800円とリーズナブルです。案内のおばちゃんは休憩室の柱を指して、「ほら、百年以上も入浴客が寄りかかってきたから、背中が当たる部分が白くなってるでしょ。少しすりへって細くなってるかもしれないぞなもし」といっていました（ぞなもしは嘘）。

さらに3階には個室の休憩室がいくつかあり、そのひとつを夏目漱石が愛用していたとかで「坊っちゃんの間」と名付けられていました。

## ホテルの部屋で仲居さんにお茶を入れてもらいドキドキ

『道後温泉本館』を満喫したあとは、横の直営店で道後ビールを堪能。

大変満足でしたが、問題もありました。実は『道後温泉本館』は大量の源泉をかけ流しながら塩素消毒をしていたのです。愛媛県条例で、すべての公衆浴場は消毒しなければならないと定めているのが理由です。

せっかくのいいお湯を台無しにしかねない塩素消毒。衛生上の問題の有無に関わらず一律に義務づけるなんて、いかにもお役人が考えそうなことです。何か問題が起こって責任を問われるのが怖いのでしょう

**温泉街にはつきもの!?**

が、温泉の価値をわかっていない愚かな行為と言わざるを得ません。『道後温泉本館』側は、塩素消毒をせずに条例をクリアする方法を模索していると貼り紙に書いてありましたが、県条例を変えたほうがよっぽど早いように思います。

温泉に入るのが目的だったので、宿も近いところを適当に選んでしまいました。『道後温泉本館』の裏手に建つ大規模な温泉ホテル『ホテル椿館』です。アウトバス・シングル・朝食付きで当時は6千円ほど。夕食は付いてないのでチェックイン前に辺りを散策すると、大きなアーケード街があり、その裏通りには飲食店街もありました。お寿司屋にラーメン屋、さらには「ニュー道後ミュージック」なるストリップ劇場まで。安心してチェックインしました。

アウトバスの部屋を頼んであったので、向かいが浴場の部屋を準備してくれたようです。さすが豪華ホテルは気配りが違います。それでもビジネスユースのシングルルーム。狭いのは仕方ありません。

部屋で荷物を整理していると仲居さんが駆け込んできて、「すみません、ご案内が遅くなりました」と言います。ホテルなのに部屋でお茶を入れてくれるシステムのようです。

「もう温泉には入られましたか?」などと世間話をしつつも、こういうホテルの部屋でお茶を入れてもらうのは落ち着きません。変な気分でした。

共同湯に入ったばかりでしたが、すぐに宿のお風呂へ。源泉は、たくさんある道後温泉のブレンドのようですが、少し塩素臭が。それでも庭園を眺められる露天風呂もあり、ゆっくりくつろぐことができました。タオルも石けんもないような宿にばかり泊まっているので、至れり尽くせりの設備やアメニティが新鮮です。

館内にはラーメンコーナーもあったので、夕食はこれで済まそうと思ったのですが、この日は客が少ないせいか開いてません。午後遅くにビールを飲んだせいか外に出るのが面倒になり、自販機のアイスクリームとお菓子を食べ、寝てしまいました。

翌朝は、空腹で起床。名物のじゃこ天はもちろん、豆乳豆腐やイカの刺身など、豪華な朝食を目一杯詰め込みました。

この日は仕事があったので松山市駅に戻り、用事を済ませた後は、辺りを散策。お昼ごはんは散々探した挙げ句、駅近くの食堂へ入りました。

中に入ると、並んだおかずを自分で選んで好みの定食に仕上げるスタイルでした。それもよかったのですが、やはり中華そばを注文してしまう私。かなりのおいしさでした。

あっと言う間の松山滞在でしたが、満足度の高い2日間でした。松山市内はＮＨＫで放映されていたドラマのせいか、やたら「坂の上の雲の街」というフレーズが溢れており、まだまだ見どころもありそうです。

## ゴーストタウン化した丸亀のアーケード商店街

寝台列車で東京まで帰ってやろうと、酔狂なことを思い立ちました。坂出《さかいで》駅から瀬戸大橋を渡り、東海

シャッター通りと化したアーケード街

気になるボロ宿『ほうらい荘』

道線に合流する「サンライズ瀬戸」です。調べてみると発車は夜の10時45分。時間があるので松山から予《よ》讃《さん》線で坂出方面に向かいながら、気になる駅に途中下車してみるのも面白いな、と考えていました。

ところが実際に電車に乗って海沿いを行くと、今治《いまばり》、西条《さいじょう》、川之江《かわのえ》、観音寺《かんおんじ》など、高校野球で聞き覚えのある地名が続き、降りてみたいところだらけです。悩んでるうちに電車は進み、坂出近くの丸亀駅に到着。学生時代の友人に丸亀出身のやつがいたのを思い出し、下車してみることにしました。

ホームから周辺を見回すと、遠くの丘に石垣が高いので有名な丸亀城が見えました。お城まで行く時間はないので町並みだけでも見ようとロータリーに出ると、ギター1本で歌う女性のストリートミュージシャンを発見。気づけば彼女の声が響きわたるほど辺りは静かです。

歩き始めると、すぐにアーケードに覆われた大きな商店街がありました。が、中に入ってあまりの寂れ方にビックリしました。アーケード街と呼ぶにふさわしい、縦横に伸びるかなり大規模な商店街なのに、店の多くはシャッターが下り、時々自転車に乗った高校生が通るだけ。住民が神隠しにでもあったのかと心配になるぐらいです。

昔は相当に繁栄していた商店街だったのでしょうが、郊外に出店した大型商業施設のせいで衰退してしまったのかもしれません。これだけの規模のシャッター通りはすさまじいほどの迫力があります。

通りの角で開いている果物屋さんを発見。みかんが15個300円だったので寝台列車で食べようと声をかけると、店のおばちゃんは「こんなに安けりゃ、ちぎり賃も出ないよ。農家もかわいそうだ」と嘆いていました。確かに1つ20円じゃ、儲けなどないのかもしれません。

みかんを抱え、駅に戻る途中に『ほうらい荘』なる〝ボロ宿〟らしき物件を見つけました。付近に「丸亀本陣址地」という碑があったので、昔の街道筋に当たっているようです。そう言われれば、辺りにはどこか城下町らしい雰囲気も感じられます。さらに古い商家をそのまま使った〝街の駅〟もありました。

それにしても寂れた巨大アーケード街は、ショッキングな光景でした。古い路地裏の町並みも地元の人には日常の風景なのでしょうが、初めて目にした私は、まるで異次元に迷い込んでしまったかのような気分になりました。

いずれは近くの「こんぴらさん（金比羅宮）」を訪ねてみたいと思っているので、そのときはお城も見学して『ほうらい荘』に泊まってみようかと思っています。

## ストリートミュージシャンの歌声に感傷的になる

丸亀から坂出まで行って途中下車してみたものの、まだ電車までは4時間以上ありました。とりあえず駅前を散歩してみると、いきなり〝ボロ宿〟を発見しました。『旅館 松の下』。小規模ですが、かなりいい感じの駅前旅館です。

素泊まり4千5百円と書いてあります。値段が外に出してあるのは、いかにも飛び込みOKということでしょう。考えてみれば坂出も、瀬戸大橋ができたことでますます交通の要衝《ようしょう》になっているはず。こういう宿があっても当然でした。

そんなことをしていてもたいして時間は過ぎず、かといって坂出駅周辺にはあまり時間をつぶせるような店もありません。そこで考えました。高松まではそんなに遠くないので、いったん高松に行ってみるか、それともこのまま普通電車で瀬戸大橋を渡ってしまい、岡山駅で遊んで「サンライズ」に乗るか。

結局、讃岐《さぬき》うどんを食べようと、高松に行くことにしました。思えば高松駅に行くのは凄く久しぶりです。なにしろ前に行った時はまだ宇高《うこう》連絡船があったんですから。

いざ着いてみると、高松駅はすっかり新しくなり、周辺は未来都市のように変貌していました。駅前の小汚いうどん屋を目指していたのに、そんなものは見つけられそうにありません。

仕方なく、高層ビルのレストラン街へ。ラーメン屋さんなどもありましたが、ビールを飲まなければいけないので、お寿司屋さんにしました。これが大正解。ビールと地酒の「國重《くにしげ》」を飲み、食べたお刺身とイイダコの煮付けがすごくおいしいやつでした。

帰りに駅に隣接したスーパーマーケットに寄ってみると、私が愛する徳島製粉の「金ちゃんラーメン」が山ほど置いてあるではありませんか。四国だから当たり前なのですが、とりあえずスタンダードタイプの5個パックをお土産に買いました。

ラーメンが入った袋をぶら下げて駅前を歩くと、丸亀と同様、駅前でストリートミュージシャンが演奏していました。なかなか上手です。

駅に着くと「連絡船うどん」という立ち食いがあったので、ここでうどんを食べることにしました。旅行客向けの店なので、製麺所で食べる本格的な讃岐うどんとは違いますが、やはり東京の立ち食いではありえない美味しさです。

そうしているうちに、ようやく電車の時間も近づいてきたので再び坂出駅へ。坂出駅のガード下にコインロッカーがあり、そこに荷物を預けてあったので行ってみると、ここでもストリートミュージシャンが演奏していました。

電車の時間までなんとなく聞いていると、これまたかなり上手です。ミスチルの桜井さんみたいな色気のある通る声で、高音部の響きがとても気持ちいいのです。それにしても四国は、ストリートミュージシャンが流行っているのでしょうか。

近くで聞いているのは私だけだったので、彼はこっちをチラチラ見ながら歌っていましたが、そのうち歌本を取り出して、なんとキャンディーズをやり出したのです。「春一番」を。おそらく彼は、オヤジが知ってそうな曲でもやってやろうと思ったのでしょう。

私はこの彼《クソガキ》に「人の音楽の好みを年齢で判断するな!!」と説教してやろうかと思いました。だいたいキャンディーズからすると、私はだいぶ年下の男の子なのに。

しかし冷静に考えてみると、彼が何を演奏しようと彼の自由だし、キャンディーズぐらいで逆上せずに、100円くらいあげてくればよかったと反省しました。

時間が近づき「サンライズ瀬戸」に乗るためホームに出ても、彼の通る声は聴こえ続けていました。その切ない歌声が「今回の四国ツアーもこれで終わりか」と、感傷的な気分にしてくれました。

## しょっぱい温泉と地酒に旅情が盛り上がる

4カ月後、再び四国、今治に用事ができました。これ幸いと、今度は瀬戸内海の島、古い町並みが残っている大崎上島《おおさきかみじま》への上陸を計画しました。近年は国内外からの移住者が急増しているとの話を聞きますが、当時はブーム前のこと。

今治から島に到着したのは夕方6時。凄く小さな港で、船が接岸すると同時に迎えの車が待っていてくれました。走ること10分で着いた『きのえ温泉 ホテル清風館《せいふうかん》』は、海に突出した小さな岬の高台にありました。〝ボロ宿〟が見つからず、心ならずも予約したホテルですが、眺望は抜群です。

食事を7時にお願いして、とりあえずお風呂へ。あまり期待していなかったのですが、露天風呂から瀬戸の島々や、うっすら四国の山も見え、最高の気分です。

源泉は22度なので、沸かして循環させているのでしょう。お湯が口に触れるだけでしょっぱいので、海水なみの塩分があるというか、海水を沸かしているのではないかと思うくらいでした。肌への刺激が強いため、お風呂を出る前に十分上がり湯をするようにという注意書きがあるほどです。

夕暮れまで露天でゆっくりし、ロビーの食堂へ。メニューは当然、瀬戸内海の魚介中心で、部屋に案内してくれた仲居さんがあれこれ世話を焼いてくれました。

刺身を肴《さかな》に生ビールを2杯飲んだ後、ちょっと甘めの「竹原《たけはら》の酒」を熱燗でいただいたのですが、旅先で飲む地酒はなんとも旅情を盛り上げてくれます。

翌日の予定は立てていませんでしたが、すぐに帰京するのはもったいないので、因島《いんのしま》あたりでもう1泊したいと思っていました。大昔は海賊が暗躍したという瀬戸内海です。もしやその子孫が何食わぬ顔で民宿なんか営業していたりして――。

ホロ酔いついでにそんな妄想を抱きつつフロントに尋ねると、因島・尾道方面に行くには大三島《おおみしま》に渡る必要があるが、大三島へ渡る船は朝8時台を逃すと午後2時までないのだとか。しかし早朝の船に乗っては、せっかく来た島を見ることができません。朝の船は見送ることにしました。

翌朝は、やはり魚中心の朝食を食べ、ホテルの車で造船所の近くまで送ってもらいました。来る時に、古い家が見えたので歩いてみようと思ったのです。

造船が島の主要産業なのか、大きな船を作っているようでしたが、周囲になかなかいい感じの古い家が建ち並んでいます。何軒かつながっている長屋形式のようで、廃墟かと思って写真を撮っていたら、中から人が出てきました。

そこからフェリー乗り場のある町の中心までブラブラ。思ったよりすぐ、赤い桟橋に着きました。

# 大正時代の歓楽街がそのまま残された木江町

船着き場の前から海沿いにメインストリートが伸びています。その通りを少し行ったところで昔は歓楽街だったという路地を発見、入ってみることにしました。ところが、この裏通りがとんでもないところだったのです。

まず、いきなり崩れかけた廃墟が出現しました。何か商売をしていた家かもしれません。続いて「中華そば、うどん」などと微かに読める看板がかかった店の跡などが並んでいます。

さらに古い町並みは続き、気づけば海岸沿いを歩いている時は眩しかった日射しが、狭いこの通りにはさほど差し込んできません。ひんやりと薄暗い道が続きます。『玉屋旅館』『三島屋旅館』という2軒の宿もありました。人が住んでいる気配はあるので、営業しているならぜひとも泊まってみたいところ。なんなら、この島でもう1泊してもいいぐらいです。

向かいの八百屋で地元の奥様方が井戸端会議を開いていてい

今治から大崎上島の木江港に上陸。造船業が盛ん

たので声をかけると宿はもうやってないとのこと。
「みんな年を取ってしまったから。この通りも昔は凄く賑やかなもんだったよ」と、ちょっと寂しそうに教えてくれました。

モダンな感じの「カフェＲＵＭＩ」は、昔は最先端の店だったのでしょう。繁華街というより、歓楽街の匂いがします。

　木造3階建ての手すりのついた家もありました。クモの巣が張っていても、往時のゴージャス感は残っています。娼楼《しょうろう》に違いありません。2階の障子が開け放たれ、手すり越しに遊女たちが手を振る姿に男性客たちは大興奮したでしょう。

「カフェRUMI」

　飲食店はほとんど廃墟と化し、営業しているのは食堂が1軒だけでしたが、食料品店はいくつか現役で商売をしています。ゴーストタウンのようにも見えるこの路地にも、まだ生活が生きているのです。

　路地は海岸沿いの幹線道路とつながっていたので、来た道を戻り、今度はさらに裏手にある金比羅様の神社のある石段を上がってみました。家と家の間は細い路地になっており、現代の日本とは思えない、懐かしい雰囲気が漂っています。金比羅様に上がると、すぐそばの海を見通すことができました。

途中には、風情と言うには凄惨すぎる廃墟もありました。時代が変わり、船乗りや遊興客が来なくなったため、島から出ていった人も多かったのでしょう。

道を引き返して元の大通りに戻ると、周囲が急に明るく感じ、夢から覚めたような気分でした。「タイムスリップしたみたい」とよく言いますが、まさに大正の町に潜り込んだかのようです。

まだ朝のうちでしたが、軒先に電球が灯った夕暮れ時、束の間の歓びを求める船乗りたちが集まってくるようすをまざまざと思い浮かべることができました。

あとで調べたところ、通りのある「木江《きのえ》」の町は幕末から〝風待ち港〟として有名で、昭和の初めまでは木造造船の需要が多くずいぶん栄えていたのだとか。あの路地も、廃墟好きには知られているようです。

確かに今の高性能船にとっては風待ちの港など不要だし、なにより海運自体が陸上輸送にほぼ取って代わられています。島の歓楽街が衰退して時間が経っているのに、当時の雰囲気がそのまま残っているのは本当に奇跡的です。


“風待ち港”として賑わった往時を偲ばせるモダンな建物が軒を連ねる

## 船でチェックインできた港の宿

木江の古い町並みが残る路地を出て町の中心街へ向かいました。暑くて汗だくのうえ、歩き疲れたので喫茶店でもあればいいなと思ったのです。しかしあるのは廃業した百貨店だけで、人通りはまばら。自転車の小学生が不審気な顔つきながら「こんにちは」と挨拶してきました。

仕方なくそのまましばらく歩いていくと、ついに『徳森旅館』を見つけました。

そもそも私が大崎上島を目指したのは、この木造3階建ての宿を見たかったからです。実際、目の当たりにすると思った以上に重厚で風格を感じます。木江が賑わっていた頃は、最高級の宿として知られていたのでしょう。しかし残念ながら2006年に廃業してしまったそうです。

この宿が変わっているのは、裏口が入り江に面し、船着場になっていたことです。昔は船でやって来るお客もいたのでしょう。3階の部屋から港を眺め、のんびりくつろいでみたかった。

宿の前には厳島《いつくしま》神社の立派な社殿がありました。木江には金比羅様もあり、広島本土と四国側との交流が盛んだったことがわかります。営業しているかどうかは不明ですが、「ニュー・カープ」という名前のスナックもありました。

木江の町全体が、寂れつつあるように思えます。港の付近では、船関係の作業場の廃墟みたいなのもありました。驚いたのは木造5階建ての建物があったことです。宿屋だったのでしょうか。初めて見ました。

廃校というか、小学校の校門を発見。二宮金次郎と校門だけが残っていました。金次郎先生もどこか寂しげです。

06年まで営業していた『徳森旅館』

裏手には船着き場があり、海からチェックインできたという

町を一回りすると、とにかく古い家が多く、私にとっては夢のような所でした。繁栄の痕跡が随所に残り、時代の移り変わりを感じます。寂しさがつくづく迫ってきました。

翌日にはどうしても東京に帰らなくてはならないので、そうのんびりもしてられません。本州に渡って尾道に1泊することにしました。フェリー乗り場の待合室にいたおばちゃんに尋ねると、バスで垂水《たるみ》か白《しろ》水《みず》に行けば、フェリーがいくらでも出ているとのこと。

バス停も待合室のすぐ外にあります。「垂水か白水」は、恐らくもっと本州に近い港なのでしょう。見ればバス停はフェリーの埠頭のすぐそばにあり、荷物の揚げ下ろしに使うのか海中に続く階段が付いています。

珍しいので階段の写真を撮っていると、待合室からさっきのおばちゃんが、「あんた、乗らなくていいの～」と駆けてきます。振り返ると、離れたバス停にバスが停まっています。「ありがとう～」と叫びながら慌ててそのバスに飛び乗りました。尾道の竹原港に行くには白水で降りればいいとわかり、ホッとしました。

バスにも小学生がたくさん乗っていましたが、みんな降りる時に私に「こんにちは」と挨拶していきます。この辺りでは「大人に会ったら挨拶するように」との指導があるのでしょうか。都会ではセキュリティのため知らない人と口をきかない傾向が強いのに、なかなか感動的な光景です。

着いた白水は広島への玄関口らしく、木江とは比較にならないほど大きな港でした。ターミナルの周辺には営業している旅館もあり、入港する船もかなりの大きさです。

船が島を離れていくと、何となく寂しい気分になるのは仕方ありません。事前に下調べをせず、現地でいろいろ発見するのが私流ですが、今回はかなり困りました。最低限の知識は入れておかないとダメかなあと反省しました。

## 坂だらけの尾道で「東京物語」の面影を偲ぶ

竹原に着くや、旅館リストを見ながら尾道駅から3分の『佐藤旅館』に電話。凄く元気なおばちゃんが

尾道の代名詞と言えば「坂」

出て、「着いたらひとっ風呂浴びて、それから食事でいいですね」と、あっさり宿が取れてしまいました。

　尾道というと、世代で言えば大林宣彦《おおばやしのぶひこ》監督の尾道三部作を連想するのが普通でしょうが、私は小津安二郎《おづやすじろう》監督作「東京物語」のモノクロ風景を思い起こします。この映画の原節子は実に良かった。行き場所のなくなった義理の両親を東京のボロいアパートに迎え、隣から借りてきたお酒をごちそうするシーンや、さりげなく出てくる尾道の風景も印象的です。

　いざ尾道の町に立つと、どうしてこんなところに大きな町ができたのか不思議な感じがしました。山と海に挟まれ、平坦な土地はとても細長いエリアしかないからです。

　しかしそれは現在の視点でのこと。船での行き来が盛んだった頃は外海の脅威から守られた海洋交通の要所だったのでしょう。そのうえ気候も温暖で、海の幸にも恵まれた土地です。古代の人が住み着いたのも当たり前かもしれません。

　少し海沿いに歩くと、対岸の向島《むかいしま》に行く福本渡船の乗り場がありました。案内を見ると、運賃は60円。運航時間は「ひんぱん」との記載（現在は5～10分間隔）。

確かにすぐそこに向島側の船着場や、こちらに向かってる船も見えます。そういえば大林映画の中でも、通勤通学の足として使われていたような。船で向島に渡ってみると、尾道が山にへばりついた町だということがよくわかります。

尾道と言えば山の上の「千光寺《せんこうじ》」も有名です。途中の石段などはまさに大林映画で見たまま、いやそれ以上に懐かしい雰囲気であふれています。

途中、志賀直哉の旧居がありました。眺めのいい高台にあり、周辺は整備されて公園になっています。車も入れない不便なところですが眺望は抜群で、毎日こんな景色を見て暮らせたらどんなにいいでしょう。

この日は夏らしい眩しいような晴天で、海がキラキラ光っています。逆に雨の日も風情がありそうです。入ってみると中は6畳と3畳の続き間と竃《かまど》くらいしかありません。留守番をしていたおっちゃんが出てきて解説をしてくれました。なんでも、志賀先生は、親と喧嘩して東京を飛び出し、知人の紹介でこの家に移り住んだのだとか。食事などの世話は隣に住む老夫婦の奥さんがしたそうで、のんびり暮らしたのでしょう。

「志賀先生の小説は難解な表現がなくわかりやすいんです」

そう言われても「暗夜行路」ぐらいしか読んだ覚えがなく、しかも内容はまったく覚えておりません。この家で書いたという短編を含む文庫本が売店に置いてあったので、記念に1冊買ってみました。

林芙美子《はやしふみこ》も尾道に縁《ゆかり》の文人です。両親が旅商いをしていた関係で子供時代は山陽地方の木賃宿を転々とし、尾道では少し落ち着いて学校にも通ったそうで、事実上の故郷とか。だから銅像や記念碑が建ち、商店街には「喫茶芙美子」という店もありました。

中に入ってかき氷を注文すると、昔のカフェーの女給みたいなコスプレをしたウエイトレスが、林芙美子が住んでいた部屋が保存されていると教えてくれました。

そう言われれば見ないわけにいきません。店の裏にあるボロ部屋を見学。2階には執筆に使ったという部屋もありました。旧志賀邸といい、今はめったに見かけないボロい部屋ですが、妙に落ちつける感じがします。昔はこんな家が当たり前にあったのだとつくづく思いました。

## 木造3階建ての旅館で絶品の尾道ラーメンに遭遇

午後6時を過ぎたので宿に向かいました。『佐藤旅館』は木造3階建てで、あちこち手が入り、さほど古さは感じません。玄関に誰もいなかったので食堂の方に回って声をかけると、女性が大量の洗濯物を畳んでいました。

電話に出たのがこの人でしょう。思ったより若く、しかも見るからに働き者のようです。

案内されたのは3階の部屋でしたが、想定外だったのはクーラーが作動しないことです。角部屋なので海風に期待しながら扇風機でしのぐしかありません。そう思えば、子供の頃、夏休みになると帰省した田舎のおばあちゃん家のようです。

とりあえず風呂に行くと、独り暮らしをしていたアパートよりさらに狭いユニットバスでした。

その足で1階の食堂へ。ほかに2人のビジネス客がおり、すでに夕食を食べていました。刺身と鯛のあら煮とサンマの塩焼きなど港町らしいメニューでしたが、驚いたのはその後です。ビールを飲み終わり、ごはんを頼んだらラーメンライスが出てきたのです。

これがかなり本格的な尾道ラーメンで、独特のしょっぱさがライスに最適。夜中に宿を抜け出してラーメンを食べてやろうと思っていたのですが、その必要がなくなりました。

部屋に戻ると、陽は落ちたのにうだるような暑さです。窓を開け放っておくしかないのですが、電灯を付けると虫が入ってきそうです。電気を消してテレビを点けると、室内アンテナなのか音声だけで画面は人影がわかる程度。窓からは山陽本線の電車音も聞こえてきます。もう寝るしかないと布団に寝っ転がりました。

暑さで夜中に目が覚め、パンツ一丁で2階のトイレへ。すると私の部屋に続く階段とは別の階段から足音がします。誰か降りてくるような、こないような、逡巡しているような足音です。しばらく様子を窺っていましたが気配は消えません。

もしや地縛霊か何かがいるのかと、気配がする階段を上がってみると、そこには食堂にいた客がパンツ一丁で突っ立ってました。私同様、人の気配がしたので驚いたのでしょう。人騒がせなやつです。

駅至近の『佐藤旅館』

翌朝は朝日と共に5時起床。すでに汗が滲んできました。

朝食もけっこうボリュームがあり、おいしかったです。それにしても女将さんは、冷たいお茶を持ってきたり、まだ食べ終わっていない食器を片づけようとしたり、店の前の植木に水をやったり、バタバタ休む間もなく動き回っていました。

聞けばこの宿は94年の歴史があり、終戦直後は外地からの引き揚げ者で大混雑し、昭和の時代は宿の前を流れていた川を目当ての釣り客で賑わったそうです。しかし旦那さんが亡くなり、今は女将さんひとりでやってるのだとか。

「忙しい時は料理屋をやっている息子が人を出して手伝ってくれるんですよ。だから大丈夫」

女手ひとつでこれだけの宿を切り盛りするには人一倍働かなくてはならないのでしょう。女将さんの落ち着かない感じも、逆に尊敬したいような気持ちになりました。年を取っても体が動くうちは働くという尊い気持ち。そのことが若さの維持につながっているのかもしれません。

**扇風機が大活躍**

## 松山　道後温泉 ホテル椿館

〒790-0836 愛媛県松山市道後鷺谷町5-32
☎089-945-1000

## 大崎上島　きのえ温泉 ホテル清風館

〒725-0402 広島県豊田郡大崎上島町沖浦1900
☎0846-62-0555

## 尾道　佐藤旅館

〒772-0037 広島県尾道市西御所町3-1
☎0848-22-2879

第七章

# 鳥取の限界集落と出雲への旅

## 書籍化が決まり雪まみれの鳥取空港へ

2011年2月。ブログの書籍化が決まり、どうせなら書き下ろしネタを入れようと話がまとまりました。そうとなれば、かねてから行きたいところが多い山陰地方に行ってみることにしました。長らく行きたいと思いながら機会がなかった、鳥取県智頭《ちづ》町にある「板井原《いたいばら》集落」が狙いです。伝統的建造物群保存地区に指定されながら、いまや住む人がほとんどいない〝限界集落〟で、60年代にトンネルができるまでは、まさに人知れぬ秘境だったとか。

山間なので雪のない季節に行きたかったのですが、贅沢は言えません。それに、この時期ならではの風情を味わえそうな気もします。期待に胸を躍らせながら鳥取空港に向かいました。

いつもなら電車に乗り換えるところですが、今回は利便性を考えてレンタカーを調達しました。前の週に寒波が到来し、大雪にみまわれた中国地方の様子をニュースでやっていたので心配していましたが、町中は残雪も皆無。せっかくオプションで付けたスタッドレスタイヤも出番なしです。

初日は板井原集落に近い智頭町内の宿を予約してあったので、車で行けば1時間足らず。時間的に余裕があったので、一度も行ったことのない鳥取砂丘へ足を延ばしました。

もしかして、雪におおわれた砂丘が見られるかもとの期待がありましたが、着いてみればここも雪などまったく見あたらず、砂丘そのものも思ったほどの規模ではありません。展望台にも上ってみましたが、なんだかなぁ……。

まあ、ありきたりの観光地を訪ねるのは旅の目的ではありませんので、気分を切り替えて智頭を目指しました。鳥取から智頭へ行く道は、一般道のほかに無料開放されている高速道路もあったのですが、風情を楽しむにはやっぱり一般道でしょう。

途中、高台に「河原城《かわはらじょう》」なる立派な天守が見えました。そんな城のことは知らなかったので調べてみると、観光用の〝なんちゃって城〟でした。ただ実際に戦国の初期には城があった場所だそうで、いまは町のランドマークになっているようです。

## 季節外れの雪に埋もれた昭和の集落

智頭町には、あっという間に到着。まだ昼前だったので、とにかく板井原集落に行ってみることにしました。国道から脇道に入り、ひたすら登っていきます。

次第に残雪が現れ、道路脇も白くなってきました。除雪されているので通行に問題はありませんが、対向車があると困ってしまうほど細い道が続きます。

そしてとうとう集落に着くころにはまるっきりの雪道になってしまいました。スタッドレスタイヤの出番です。

板井原は道が狭く、現在まで一度も車が入ったことがない集落とのこと。中に入るには、どこかに車を停めなければなりません。場所を探しあぐねどんどん登ると、車止めの代わりか工事車両が置いてあり先に進めません。やっとのことで切り返し、少し下った小さな空き地に停車。手近の橋を渡って集落内部に入りました。

古い家が建ち並んだ集落に雪が積もり、下界とは別の世界が広がっていました。茅葺《かやぶ》きらしき屋根の家も多く、おっちゃんがひとり大きな家の屋根で雪下ろしをしています。集落内には食堂とカフェがあると聞いていたので探してみたところ、いずれも休業中の様子。この集落で動いてるのは、私と屋根の上のおっちゃんだけのようです。

集落内にはけっこう流れの急な小川があって、澄んだきれいな水が流れていました。雪で埋もれた細い路地を、雪のない場所を探しながら歩き回りました。

それにしても凄いところです。古くは江戸時代、新しくても昭和30年代に建った家ばかりだそうで、立派な土蔵なども残っています。田舎にありがちな平家落人《へいけおちうど》伝説もあるようですが、なぜこんな状況で残されてきたのでしょう。

一軒の家の前に「登録有形文化財」の立て札があったので、どれがそうなのか探していると、さっき雪下ろしをしていたおっちゃんがやってきました。聞けば、雪を下ろしていた家を指さします。

おっちゃんは、ここに住んでいるわけではなく、ときどき下から様子を見にくるだけのようです。文化財と言っても町が決めたもので給付金が出るわけでもなし、一般公開もしていません。

しかし驚いたのは、集落にいまも2、3世帯が住んでいることです。喫茶店をやってるのがそのうちの一軒で、「たぶん気が向

**突如、現れた“昭和の村”**

雪に埋もれた板井原の限界集落

けば開けると思うんだけどな」とのこと。

もう何年かすればまるっきり人はいなくなってしまうのかもしれません。まさに限界集落です。いくら行政が保存地区に認定しようと、ここで暮らすのは大変でしょう。見物に来るのはいいけど、住むかと問われれば、やはり難しそう。

車道に戻ると、役人のような男性に案内された、中年男性と若い女性がいました。声をかけると2人は地元の方で、ときどき集落の撮影に来るのだとか。私が智頭に泊まると言うと、造り酒屋が多く、試飲もできると教えてくれました。ドラマで有名になった〝夏子の酒〟に出て来た酒蔵もあるようです。

## 宮本武蔵に染まる因幡街道沿いの宿場跡

集落を見て下界に戻っても、まだ昼前。岡山側に宮本武蔵関連の史跡らしきものがあるというので行ってみることにしました。

国道を南下し、志戸坂峠《しどさかとうげ》を越えると岡山県です。さらに行くと、智頭急行が通る大原の町に到着。宮本武蔵の生家に近いため、観光物産は宮本武蔵一色です。

駅で観光マップをもらうと、この辺は因幡街道の宿場だったらしく、宿場跡に本陣や脇本陣の跡が残っているとのこと。駅から歩いていける距離なので、車を置いて街道筋を歩いてみました。

確かに本陣の建物などは立派な古い家で、なかなか風格があります。大きな酒蔵もありました。おそらく江戸時代くらいまでは、かなりの賑わいだったのではないでしょうか。

考えてみれば日本中に有名な旧街道がたくさんあり、その道に沿って何百何千という宿場町があったわけですが、こうした峠の町にはなかなか目が向きませんでした。これを見ただけでも来た甲斐があったというものです。

そろそろお昼を食べようと再び智頭町へ。宿泊予定の『河内屋《かわうちや》旅館』に車を停めさせてもらい、町内を歩いてみることにしました。

まずは智頭駅を目指します。宿場町らしい古い町並みが残っており、林業も盛んだったとかで、江戸時代というより明治、大正くらいまでは栄えていたのかもしれません。

しかし安そうな食事処を探しても、なかなか見つかりません。駅前の観光案内所で聞くと、近くにはラーメン屋が1軒と、喫茶店が何軒かしかないとのこと。

当然、ラーメン屋を選択。中華でも韓国でもない、いろんなエスニックが混ざった不思議議な店でしたが、けっこう繁盛しています。

宿場町として栄えた智頭の町

国の重要文化財「石谷家住宅」

あんかけ風タンメンもなかなかの味でした。

駅から旧街道沿いに、国の重要文化財になっている「石谷家住宅《いしたにけじゅうたく》」へ。江戸時代から大庄屋を務めた旧家だそうで、明治以降は林業で栄えたとのこと。

確かに凄い家でした。建物自体は大正から昭和初期に大規模改修されたそうですが、吹き抜けの土間は広く、天井がもの凄い高さで、重厚感のある巨木が梁に使われていています。部屋数も数えきれないほどで、時期柄、あちこちに雛人形が飾ってありました。私はこういう古くて豪勢な家を見るのも〝ボロ宿〟と同じくらい好きなのです。

ひとしきり鑑賞した後は、板井原で薦められた酒蔵へも足を延ばしました。「諏訪酒造」です。ちょこっと試飲し、地酒を1本買いました。「諏訪泉」という、ちょっと黄色味がかった、なかなか旨い酒でした。

## 重要文化財より古い三代家光の時代からの宿

宿には夕方着。車を置かせてもらった時に出てきたじいちゃんがまた出てきて、部屋に案内してくれました。

『河内屋旅館』は〝ボロ宿〟狙いで泊まろうと思ったわけではありません。智頭町には宿泊施設が少なく、ほかに適当な宿がなかったのです。外観はよくあるモルタル塗りで、道路に面した部屋は古そうでしたが、それほど〝ボロい感〟はありません。

ちょっと宿の内部を偵察しようと階下におりると、じいちゃんがいました。何気なく宿の歴史を尋ねると、なんと家光《いえみつ》の時代にあたる3百年以上前に建てられたと言うではありませんか。昭和に建て替えたものの、一部、江戸時代の階段や部屋などもそのまま残っているとのこと。

「ほらそこの階段なんか、江戸時代のまんまですよ。建て替えの時に取り壊そうと思ったんだけど、うちのが残しておこうと言ったもんでね」

見れば確かに古そうな階段で、かなりの急勾配です。じいちゃんに案内されるままいくつかの部屋を見せてもらうと、途端に天井や欄間の細工が趣あるように思えるから不思議です。柱の梁も太くて立派な木が使われ、最近の建物ではないことがわかります。

「そこの石谷家住宅が建ったのは、明治か大正ですからね」

すなわちじいちゃんは、重要文化財よりうちの方が凄いぞ、と言いたいのでしょう。それもそのはず。代々直系が後継してきたというのですから大したものです。ただし、「河内屋」という屋号については、大阪出身でもなく、由来が伝わってもおらず不明

『河内屋旅館』は300年の歴史の宿。軒下の“杉玉”は
江戸時代は造り酒屋の印だったが、現在は観光客へのサービス

古くても華やかな歴史を感じる客室

なんだとか。何も知らず訪れた宿に、そんな歴史があるとは驚きでした。

そういえば、宿の前の通りは「新町通り」というシャレた名前が付いています。ただの路地にしか見えませんが、謂れがありそうです。

「昔は歓楽街というか、そんな通りでしたね。向かいはちょっと前までカフェーで、ダンスホールだったんです」

智頭宿は、鳥取の殿様が参勤交代の際、最初に泊まる宿と決められた本陣があった由緒ある宿場町。表街道に対し、裏道に位置するこの路地は、花街だったのでしょうか。

午後6時にお風呂が沸くとのことで部屋でくつろいでいると、5時過ぎにじいちゃんが浴衣とタオルを持ってきました。今日はほかの客もいるので、できれば早く済ませてくれないかとのこと。

もちろん断る理由などなく、とっとと風呂場へ。さすがに水回りは近代化され、1階にはシャワートイレまでありましたが、浴衣はかなり使い込まれた年季モノでした。

食事は同宿の、小さな子供を2人連れた若い夫婦と一緒にとりました。じいちゃんだけでなく愛想の良い明るい女将さんの登場で、楽しい晩餐になりました。食堂ではビールを1本。あとは部屋で、酒蔵で手に入れた「諏訪泉」をやりました。

## 山陰エリアは古びた宿の宝庫⁉

翌日は朝食をすませ、再び鳥取市内へ。今回は無料高速道路をフル活用しました。この日は出雲の平田にある宿に素泊まりする予定だったので、その前に板井原集落で会った2人が松島よりきれいだと薦めてくれた「浦富海岸《うらどめ》」を見に行ったのです。

ところどころに岩が突き出したおもしろい地形の海岸でした。山陰海岸国立公園のうちですから、景色がいいのも当然でしょう。2月というのに暖かな日で、冬の日本海の暗くて荒れたイメージはまったくありませんでした。

次の目的地は倉吉《くらよし》です。古くは伯耆国《ほうきのくに》の国府であり、白壁土蔵が有名な町です。調べたところ良さそうな宿もあり、本当は泊まりたかったのですが、鳥取からあまりにも近いので今回はやめておきました。

いったん倉吉駅で情報を収集し、いよいよ白壁土蔵エリアへ。ちょうど日曜日だったので観光客が大勢いましたが、無料駐車場になんとか車を滑り込ませました。と、なぜか横綱琴桜《ことざくら》の銅像が建っています。

正しい旅館の朝食

いつか泊まりたい『旅館まきた』

倉吉の出身なんだとか。

白壁の風情ある町並みを歩いていると、『旅館　まきた』を発見しました。土蔵街を流れる玉川《たまがわ》に面しており、新しい本館はともかく隣の旧館らしき建物はなかなかの佇まい。いつか泊まってみたいものです。

倉吉を出た後は米子で小休止。久々に見る大都会でした。地図で見ると、ここにも古い町並があるらしいので寄ってみると、かなりいい感じの『旅館 美保の松』がありました。泊まってみたい宿だらけで、山陰は古びた宿の宝庫かもしれません。

## 〝ゲゲゲ〟一色に染まった境港で宿探し

さらに境港《さかいみなと》へ。当時はＮＨＫ朝ドラ「ゲゲゲの女房」放映後のブーム中だったので、私としては寄りたくなかったのですが、ここまで来たら覗かないわけにいきません。

駐車場に車を入れて歩き出すと、いきなり絶好の宿を見つけてしまいました。『かぐら旅館』。１泊２食５千円とあります（２０１７年現在は５千４百円）。

## いたるところに心惹かれる宿が

ほかにも何軒か古そうな宿や、高級和風系の宿も見かけました。こうなってみると、この日は出雲に泊まるとしても、境港でもう1泊しようと思い始めました。3日目は特に予約をせず、もしいい宿があったら泊まろうとの心づもりだったのです。

鬼太郎やねずみ男の像を見てキャーキャー言ってる観光客の横で、いい年のオッサンが〝ボロ宿〟を見てニヤニヤしているという、端から見ればシュールな光景だったでしょう。

私も一応は〝水木しげるロード〟を少し歩いてみましたが、駅前はもちろん、町のいたるところに銅像やらオブジェが鎮座し、挙げ句、鬼太郎ラーメンやら何やら〝ゲゲゲ〟だらけです。もともと町おこしのコンセプトがそうなのでしょうが、朝ドラの影響でヒートアップ。そういう意味では成功事例といえるのかもしれません。

駅に行ったついでに観光案内所に寄って市内の宿について聞いてみました。ところが、見かけた宿は営業していないのか、あるいは登録していないのかわかりませんが、案内所で紹介してもらえたのは1軒しかありませんでした。

仕方なくネットで調べて電話してみたのですが、誰も出ません。案内所で紹介された宿も同様です。〝ボロ宿〟の宝庫と思ったのは間違いで、すでに廃業した宿ばかりなのでしょうか。よくわからないまま境港を後にしました。

## 「泥酔してはダメですよ。追い出しますからね」

境港で時間を取られたので、出雲市の宿に直行です。

この日の宿は『持《もち》田《だ》屋《や》旅館』で、建物自体が古そうなうえ、素泊まりのみ対応で現在も3千5百円という安さ。今は出雲市になっているものの、宿のある旧平田市エリアは物資の集積地として栄えた歴史のある町として知られています。

いざ着くと、思った以上にいい宿でした。建物は古くても内部は整頓されており、床や柱はピカピカ。そこに古い旅館のイメージを崩さない趣あるインテリアが加わり、私の好きな佇まいです。

到着時間を伝えてあったので、女将さんがすぐに出てきました。部屋はきれいな8畳間で、欄間や建具を見ただけで歴史のある家だということがわかります。

女将さんがやたらと元気のいい、よくしゃべる人で、こちらが尋ねるまでもなく平田の見どころや、晩飯のおすすめ店などいろいろ教えてくれます。どうも地域でボランティア的に町おこしに取り組んでいる人のようで、町のことを良く知っていました。

かつては水運で栄えた平田の町並み

忘れられない宿になった『持田屋旅館』

雰囲気のある客室

私もつい調子に乗って、「こちらにお嫁に来たのですか」などと聞くと、もともと宿の娘さんで、年齢なども正直に言うものだから恐縮してしまいました。しかも実年齢より30才は若く見えるのでびっくりです。

食事は近所の居酒屋に行きました。女将さんお勧めの店です。一応、チェックイン前に近所を車で回って店を探したのですが、数えるほどしか見あたりませんでした。なるほど、大通りに面していないので見逃してしまうはずです。

「飲むのはいいですけど泥酔はダメですよ。前に泥酔したお客を追い出したことがあるんですからね」

出がけに女将さんに挨拶すると、そんなことを言われました。そんなに飲んだくれに見えたのでしょうか。いい年をしてそう簡単に酒に飲まれたりはしませんが、ないとは言い切れません。

本当に美味しい店だったので、2時間くらい飲んで戻ると、待ち構えていた女将さんが「お帰りない」と機嫌よく迎えてくれました。どうやら追い出されずに済みそうです。

「おやすみなさい。静かに寝ましょうね」

ホッとした途端、釘を刺されてしまったので、部屋に戻ると寝酒もやらず布団に入りました。

## 廃業した酒蔵の職人部屋に胸がザワザワ

翌日の朝食は、近所の醤油屋へ。前日までに頼めば格安で美味しい焼きおにぎりを食べさせてくれるのだとか。

その醤油屋のある通りは、かつて〝木綿《もめん》街道〟と呼ばれたレトロな町並みで、古い商家や切妻造《きりづまづくり》の蔵元、醸造業者が軒を並べています。現在も営業しているところも少なくありません。

醤油屋の焼きおにぎり朝食（持田屋旅館 宿泊者限定）

通りに沿って流れる川は宍道湖《しんじこ》に注ぎ、かつては船着場もあったそうで、当時、目印だったという大きな樅《もみ》の木も残っていました。

醤油屋も元は蔵元で、今でも製造販売をしているとのこと。声をかけると広い座敷に通され、こたつに入るように言われました。

座敷に座ると、すぐに出雲の醤油が染みこんだ焼きおにぎりが出てきました。宍道湖のしじみ汁と小鉢が付いて３３０円。儲けは度外視してるのでしょうか。

ここのばあちゃんが話好きで、しかも学があり、いろいろ教えてくれました。元は名古屋で育った人ながら、疎開でこちらに来てそのまま結婚。嫁に来た時は文化ギャップがあったと笑っていました。昔は裏の川で洗濯していたそうです。

話がおもしろいので長居していると、旅館に同宿していたギャル（死語!?）２人組がやってきました。それを機に店を出て、近くにあるという酒蔵の屋敷跡へ。

近所の洋品店が管理しているというので声をかけてみましたが、誰も出てきません。とりあえずその「石橋酒造」に行ってみると、すでに洋品店の高橋さんが鍵を開けて、電灯や暖房器具まで点けて待っていてくれました。

恐縮しながら中へ。高橋さんに解説してもらいながらあちこち見て歩いたのですが、母屋の座敷といい奥の工場といい、とんでもなく広大です。90年代まで営業していたので掃除や修繕を済ませて公開できるようになったのは、ここ数年のこと。所有権もまだ確定しておらず、いちおう市役所が仮に運営しているようでした。

聞けば高橋さんは、平田の町並み保存や活性化に向けて精力的に活動しているリーダーのおひとりで、イベントやワークショップ、専門家による調査依頼などで多忙な様子です。それらの活動は国の支援事業にもなっており、予算が付けば付いたでそれなりの活動をしなければならず、なかなか大変なのだとか。

ここの酒は高橋さんも好きでよく飲んでいたそうですが、杜氏《とうじ》を担当していた方が亡くなったのをきっかけに、酒造りをコンピュータ化。それが原因でもないのでしょうが、徐々に傾いてしまったそうです。職人芸にまさるハイテクはないのかもしれません。

とにかくこんな機会はめったにないので隅々まで見せてもらいました。まだ完全に片づけが終わっておらず、そこここに生々しい感じも残っています。特に職人さんたちが寝泊まりしていた部屋は、あまりに殺風景な雰囲気で、何か胸がザワザワするような、じっとしていられない感じになりました。夜、2階の部屋から抜け出すための梯子段《はしごだん》もそのまま残ってます。店の酒を持参して居酒屋で飲むことが、職人の役得として黙認されていたのだそうです。いったいどんな生活だったんでしょう。

本当に圧倒されました。昔の図面なども見せてもらいましたが、現在

多くの客や商人が出入りした酒蔵の店先

では考えられないような広壮な屋敷です。この家の本家も近くにあり、「木綿街道交流館」として開放されていましたが、私が行ったときは早すぎて開いていませんでした。

ふと思うと、こういう貴重な建物を残そうと努力している人が最近、多いような気がします。ただ、景気も良くない中、資金面が大変なようです。もう少し行政が何とかしてほしいと思う反面、行政が口を挟んでくるとロクなことはないし、難しいところです。

宿に戻ったら8時くらいになっていたので出発することにしました。女将さんが「またどうぞいらっしゃい」と言ってくれたので、客として認定されたのだと安心しました。

## 出雲大社でギャルに声をかけられ……

3日目は境港に戻り、1泊2食付き5千円の『かぐら旅館』に泊まることに決めていました。前夜に再度電話をしたら連絡が取れ、あっさり予約が取れたのです。

ならばせっかくここまで来たのですから、出雲大社にお参りしない手はありません。車を走らせること30分。境内を散策しようと表参道へ歩き出すと、「すいません、シャッターをお願いします」とうら若き女性の声が。見ると、旅館で一緒だったギャル2人組でした。

「あ〜っ」と互いに驚きはしましたが、考えてみればルート的にありがちな偶然です。しかし「じゃあ、ご一緒に」とはならず、写真を撮った後は別々の道へ。

昼にはだいぶ早かったのですが、出雲そばを食べて斐川町《ひかわちょう》の「荒神谷遺跡《こうじんだに》」を目指しました。大量の銅剣や銅鐸が発掘された遺跡で、日本の古代史の通説を塗り替えるほどのインパクトがあり、発見当時は評判になったものです。

私が以前に訪ねた時は出土物を展示する簡単な博物館が建ち、出土した時の状況を再現するレプリカも置かれていました。当時はかなり感動したことを覚えています。

改めて行ってみると、博物館も立派になり、周囲も大規模な公園になっていて、すっかり迷ってしまいました。前回同様、レプリカのある出土地も見に行きましたが、あまりにきれいに整備された周辺環境のせいか、前回ほどの感動はありませんでした。

近くに山陰道のインターチェンジもできており、時の流れを感じてしまいました。

まだ少し時間があるので安来《やすぎ》駅にも寄ってみました。安来も古い町なので〝ボロ宿〟があるかもしれません。安来節を教えてくれる宿なんかあったらおもしろいでしょう。

駅に行くと、ここも〝ゲゲゲ〟ネタでいっぱいです。安来節を踊る〝あらエッサくん〟なるキャラクターも観光アピールをしていました。しかもポスターのメインキャッチが、ドジョウすくいにひっかけた「安来へどうじょ」。腰が砕けそうになりました。

肝心の宿は、駅前にビジネス旅館が2軒ありましたが、それほどボロくもなく、心惹かれませんでした。

## 〝水木ロード〟に超然と建つプロフェッショナルな安宿

境港駅で車を乗り捨てた後は、〝水木しげるロード〟を散策することにしました。平日なので前日よりは人が少ない感じですが、それでもけっこうな数の観光客が歩いています。

改めてよく見れば、本当にいろんな妖怪の像があります。意外とお金をかけているのかもしれません。

しかも、通りだけでなく、例えば喫茶店に入っても目玉おやじがいます。とにかくすべての店に何らかの妖怪がいるのです。これだけ徹底すると、これはこれで観光目玉になるのでしょう。

町にはハングルの貼り紙も目に付き、台湾の女の子グループもいました。もしかしてNHKの朝ドラは、広くアジアでも放映されているのかもしれません。それにしても外国人は妖怪を見て魅力を感じるのでしょうか。凄く不思議です。

『かぐら旅館』は、〝水木ロード〟の真ん中に超然と建っていました。駅から徒歩5分ほど。もっと観光を意識した宣伝をしてもよさそうなのに、〝ゲゲゲ〟の気配は皆無です。

玄関から声をかけても、誰も出てきません。ブザーを押しても反応なし。仕方ないので電話をかけると、「ああ、下りますから少しお待ちくだい」と、すぐに出てきました。

若い女将さんは、てきぱき部屋に案内すると「お風呂はもう準備ができているので、いつでもどうぞ。食

『かぐら旅館』

シンプルで清潔な客室

豪勢な夕食

事は6時半に下の食堂に準備しておきます」と説明し、世間話をするでもなくさっさと出ていきました。無駄のない能率的な動きで、ビジネス旅館として手慣れた感じです。

部屋の中も冷蔵庫や多数のハリガネハンガーなど、長期滞在に必要なものが過不足なく揃っています。きっと旅慣れた商人ばかりを泊めてきたのでしょう。

お風呂に入り、時間になったら食堂へ。すでに準備が整い、ひとりだけ食べているおっちゃんがいました。あとは狭い食堂に5、6人分の用意があったので、おっちゃんのはす向かいに座りました。

煮魚に鶏唐揚げ、海老の天ぷら、イカの刺身。キャベツのサラダに酢の物。ご飯はジャーごと置いてあって食べ放題だし、カニ入り味噌汁はいいダシが出ています。これにデザートのプリン付き。素泊まりは3800円なので、圧倒的に2食付きがお得です。

これじゃあ儲からないだろうと思いつつ、ガシガシ食べました。が、ふとおっちゃんを見ると、天ぷらと煮魚はラップがかかったまま。常連客らしく、女将さんやばあちゃんと世間話をしながら食べているのですが、結局最後まで手をつけません。

ずいぶん小食だと思ったら、ラップに天ぷらと煮魚を包み、そのほかの食器を自分で厨房まで片づけ、お持ち帰りになりました。つまり、部屋で飲むためのつまみを残していたのです。さすがに常連の行動は違います。私は後悔しながら空になった皿を見つめました。

おっちゃんがいなくなると、すぐまた食事をセットしています。全員が一度に食べられないので時間差をつけているのでしょう。ならば長居は無用です。さっさと部屋に引き上げました。

翌朝は早く目が覚めました。朝7時台の電車に乗りたかったので、朝食を少し早めにしてくれるよう頼んであったのです。

6時40分に下りていくと、すでに食事の準備はできていました。朝もボリューム満点で、もしかしたら工事関係者の宿泊が多いのかもしれません。

結局、女将さんが忙しく、あまり話を聞くことはできませんでしたが、あらゆる面でいかにもプロフェッショナルな宿でした。

帰りは、境港から山陰本線経由で京都へ行き、京都からは新幹線で帰りました。途中、城崎《きのさき》温泉で下車しての、のんびり旅でしたが、それでも東京には午後6時に着いたので、便利なものだと思います。

明るい食堂

## 智頭町　河内屋旅館

〒689-1402 鳥取県八頭郡智頭町智頭486
☎0858-75-0067

## 出雲　持田屋旅館

〒691-0001 島根県出雲市平田町幸町1023
☎0853-62-2551

## 境港　かぐら旅館

〒684-0004 鳥取県境港市大正町7
☎0859-42-6131

第八章

# 熊本の日奈久温泉から鹿児島へ

## 国道沿いの廃墟じみた家に感傷的になる

熊本県日奈久《ひなぐ》温泉を初めて訪れたのは、２００９年の師走でした。鹿児島の出水《いずみ》に用があったので、ついでに2泊ぐらいして〝ボロ宿〟を探そうと思ったのです。南九州についてはまったく知識がなく、種田山頭火《たねださんとうか》が気に入っていたというので日奈久に目を付けました。

日奈久温泉駅へは、八代《やつしろ》駅から第3セクターの「肥薩《ひさつ》おれんじ鉄道」に乗って行きます。車窓を眺めていると、崩れかけた家がかなり目につきました。

温泉駅はかつての幹線駅のようですが、かなりのボロさです。国道沿いに歩いてみると廃墟じみた家があちこちに見受けられ、感傷的な気分になってしまいました。

しかも、古い瓦屋根の建物が目につきます。屋根瓦の焼成法の違いなのかもしれませんが、崩れ方が関東や東北では見ないくらい古く感じます。誰も住んでいない家も結構、残っていて、そんな様子を見られただけで来た甲斐があったと思ってしまいました。

駅から温泉街に向かうと、途中、ちくわ屋さんが何軒かありました。ちくわは日奈久温泉の名物のようです。

その日、泊まった『新湯《しんゆ》旅館』は、大正時代の建物で、風情のある木造3階建て。温泉街はそれほど大

地震で被害を受ける前の熊本城

きくないうえ、中心部にありましたので、すぐに見つかりました。

付近は温泉街というより、商店や飲食店が軒を連ねています。多少のうら寂しさは漂っていますが商業機能は生き残り、きちんと営業している店が多いようでした。

ただ、宿に併設された〝ばんぺい湯〟なる日帰り入浴施設は真新しく、なんか場違いな感じがして、結局入らず仕舞いでした。

## 上品でお嬢様っぽい美人女将の宿

『新湯旅館』は、古い割に非常に手入れが行き届いたきれいな宿でした。窓枠なども古い木製ですがスムーズに開閉し、表面は何度も塗装をしたような跡がありました。入り口には大きな柱時計や鏡が置かれ、昔の商人宿のようです。やたらとポスターが貼ってあるのを別にすれば、まさに私が大好きな雰囲気なのです。

声をかけると女将さんらしき女性が出てきました。上品で、おそらく昔はかなりの美人だったのでしょう。それだけにちょっと冷たい感じの第一印象です。

通されたのは狭いながらも通りに面した眺めのいい部屋でした。この日、熊本としては異常に寒かったためかコタツを出し、「狭い部屋のほうが暖かいでしょ」と、普段は使わない3階を用意してくれたとのこと。お風呂に入りたいと言うと「何時頃?」と聞かれました。温泉とはいえ準備しないと入れないようです。

日奈久温泉の名物は「ちくわ」

**『新湯温泉』。ガラス戸の玄関に大きな柱時計が置かれ昔の商人宿のよう**

いつでもいいよと答えると、食事の1時間くらい前に準備しますと女将さん。

実際に入ると、山頭火が気に入ったのも納得の凄くいいお湯です。風呂場は大正モダンが入ったようなきれいなタイル貼りで、2槽に分かれた浴槽が置いてありました。温かい方からぬるい方へお湯が流れる形式で、ザボンなのか熊本名産の晩白柚《ばんぺいゆ》なのか不明ですが、驚くほど大きい柑橘類が浮いていました。ほかに客はなく、ぬる湯好きの私は貸切状態でゆっくり浸かりました。

部屋に戻るとすでにコタツの上に食事が出ており、今度は女将とは別の美人のおばちゃんがビールとごはんを運んできて、鍋に火を点けてくれました。女将といいおばちゃんといい、妙に上品でお嬢様っぽい雰囲気を持っています。言葉もていねいで立ち居振舞いも美しいので、妙に緊張してしまいました。

食事は特に豪華ではありませんが、非常に美味しかったです。あとで聞いたところ、米は付近で取れた棚田米で、薪でかまど炊きをしているんだとか。おまけに木製のおひつに入れて出してくれます。いつも塗り物もどきのおひつ

居心地のいい客室

カニまでついた夕食

に慣れているので、もうそれだけで感激です。

魚も美味しかったのですが、西日本特有のまったりした甘口醤油。それだけがどうも残念でした。

いつもなら、温泉街のラーメン屋をチェックするところですが、食事に満足したので出かける気にもならず、夜は部屋でボーっとのんびり。本当は山の上の方にある神社に行くつもりだったのですが、暗くて危ないのでやめておきました。美人おばちゃんが食事どきにくれた周辺のパンフレットを眺めて過ごしました。

“男性天国クリニック”などの看板も見受けられる温泉街

翌朝は朝風呂を浴び、美味しいご飯を食べ、今回の宿は豪華過ぎたかなと反省しきりです。

一晩、問題も起こさずに泊まったせいか、精算時には美人女将と美人おばちゃんが揃って見送ってくれました。ニコニコ愛想も良く、靴まで軽く磨いてあります。「またどうぞ」と言われたので、たぶん次回も泊めてもらえるのでしょう。本当に落ちつけるいい宿でした。

その足で温泉街を回ると、『金《きん》波楼《ぱろう》』という古い旅館がありました。中を見学したいところですが、宿泊料はずっと高そうな感じです。ほかにも、なまこ壁の建物や、小さな味噌製造工場などがあり、温泉街の雰囲気も気に入りました。もらった資料によると、共同浴場がいくつかあるほか、朝市なども開かれているようです。

値の張りそうな風情ある宿『金波楼』

山頭火が通った「木賃宿 織屋《おりや》」跡

ちなみに、温泉街から少しはずれた国道沿いに種田山頭火の定宿『木賃宿　織屋《おりや》』が残っていました。いまは宿屋は廃業し、中を観光客に開放しているとのこと。

立ち寄ってみると、入ってすぐの階段を上がったところに二間だけある、ほんとに小さな宿でした。それでも風情はたっぷりで、山頭火が通ったのもわかる気がします。いまも営業してるなら、ぜひとも泊まってみたいところでした。

そういうわけで、1泊しかできなかったのが残念ですが、次に行くときは、夜の温泉街で遊んでみたいと思います。

## 出水の観光センターで鶴のうんちくを仕入れる

日奈久温泉から電車に乗って出水《いずみ》駅に移動します。この日予約した『旭屋旅館』は、まさに秘湯中の秘湯です。駅から車で20分ほどなのに、携帯電話も通じずトイレは汲み取り式。ほかに宿泊客のいない宿で、孤独な一夜を過ごす心づもりでした。

当日、チェックインには早く着いたので、市内の名所を走る巡回バスに乗ってみました。出水市といえば鶴が有名で、ちょうど最盛期に当たっていたので飛来地を見に行こうと思ったのです。バスは1千円でカードを買うと、何回でも乗り降り自由なシステムでした。

出水の観察センターには鶴がいっぱい

『旭屋旅館』のほっとする客室

バスに乗ると客は私ひとり。1番前の席で運転手さんからマンツーマンの地元案内をしてもらい、「ツル観察センター」で降りました。

次のバスが来るまで鶴が遊んでいるのをじっくり見学したうえ、ビデオを見たり、団体旅行の解説を盗み聞きしたり。お陰で鶴について随分、詳しくなりました。今後、どこかで鶴の話題が出た時には、ひとしきりうんちくを語れるはずです。ただ、その後、鳥インフルエンザが出たと聞き、少し心配しています。

1時間後、巡回バスに乗るとまた運転手は同じおっちゃんでした。客も私ひとりだったので、またもおっちゃんはルートにはない名所や、「ここがいつも自分が買っている宝くじ売場だ」など余計な解説もしてくれ、さらには武家屋敷町では特別に臨時停車するサービス振り。なんでも、大河ドラマ「篤姫」のロケがあったお屋敷のようで、なかなかの見物でした。

夕方になったので、駅前からタクシーに乗って宿へ。白木川内《しらきがわち》温泉は交通の便が悪く、マイカーでなければタクシーで行く以外ないのです。しかしタクシーに乗ってまたビックリ。昼間、所用で乗ったときと同じ車でした。「またお会いしましたね」とお互い目で挨拶をしながら、結局、翌朝もこのタクシーに迎えに来てもらったので、同じ車に3回乗ったことになります。

タクシー料金は宿まで片道3千円ちょっとだったので、往復すると宿泊代（5千円）を越えてしまう不条理なことになりますが、この際仕方がありません。

## 秘湯・白木川内温泉の正真正銘おすすめ〝ボロ宿〟

宿につくと、かなり若い感じのご主人が出てきて2階の部屋に案内してくれました。まだ午後5時過ぎでしたが、冬のことで外はもう暗くなりかけていました。

玄関口付近はずいぶん散らかり、部屋の障子も破れているなど、期待通りの〝ボロ宿〟です。トイレの汲み取り式は知っていたので驚きませんが、玄関どころか宿のあちこちに様々な道具類が置いてあるのが目に付きました。2食付きで5千円ですから、こんなものでしょうか。

窓から外を眺めれば、そばに渓流が。市街地から近いとは言っても山の中であることに間違いはなく、ボロい雰囲気だけでなく、ひっそり孤立した佇まいも気に入りました。ご主人によると「私が子どものころは道も悪く、ここまで来るのはもっと大変だったんですよ」とのこと。

ご主人は食事の時間を確認した後、「隣の部屋に布団が敷いてあるので、そちらに寝てください」と言うので見に行くと、部屋の真ん中に敷かれた布団の中で乾燥機が稼働中でした。

夕・朝食とも値段以上のボリューム

2階には他にもいくつか客室がありましたが、最近は1日に1組の客があるかないかの状態で、日帰り客の休憩に使う方が多いようです。

ひと休みの後はお風呂へ。と、これが小さいながら岩をくり抜いたワイルドな浴槽で、底から透き通ったお湯が自噴する源泉かけ流しです。微かに硫黄の匂いのするお湯に浸かると、ちょうどいい湯加減で、湯が肌に吸い付いてきました。

〝ボロ宿〟とはいえ、これだけの良質な温泉があれば安泰です。ご近所と思しきおじいさんたちも集まっていて、かなり盛況な様子。このときは戦時中に活躍した駆逐艦の性能について熱く語り合っていました。私はそのへんの知識がなく、鹿児島弁がきつかったこともあり、話題に参加できずに残念でした。

風呂からあがって部屋に戻る途中、ご主人と会って立ち話になると、どうやら大学在学中に、私とちょっとした縁があったことが判明しました。世間は意外に狭いものです。

親近感が湧いていろいろ聞くと、宿はご両親が始めて現在はご主人がおひとりでやっているとのこと。ボロくとも秘湯として雑誌などで紹介もされ、連休中などは大盛況。その分、苦労も多く、特に食事の用意は大変なようです。

ただ温泉の効能が凄まじく、様々な病気や症状に改善効果があると周辺の集落からの入浴客が集まり、無理に宿泊客をとらずとも、それなりにやっていけるのだとか。

ご主人が苦労されてる食事は家庭料理っぽい感じでしたが、値段からすれば期待以上。特に名前のわからない光りものの魚の刺身がすごくおいしく、「無理してこんなにいろんなおかずを出さなくてもいいのに」と心配になってしまうほどでした。

## ひとりで夜の温泉にしみじみ浸かる

「7時を過ぎると空きますから」

ご主人の言葉どおり食後に温泉に行くと、2人いた入浴客はすぐに出てしまい、岩風呂に私ひとりきり。ツルツルのお湯はあくまでも澄み、深い浴槽の足元までくっきり見えます。こんなお湯を独り占め出来るとは、なんて贅沢なんでしょう。最高の気分でした。

しかし9時に風呂場が閉まってしまえば、何もすることもありません。廊下にたくさん積んであった「ゴルゴ13」を部屋に持ち込み、電気ごたつに入って読みふけりました。

そういえば、昔は床屋や定食屋にはだいたい置いてあったものです。ゴルゴは基本的に1話完結なので、ちょうどいいのかもしれません。相変わらずデューク東郷は年も取らず、クールに活躍しています。

気づけば、そのままコタツで寝ていました。途中、目が覚めかけましたが、気持ちがいいので布団に入らず朝までぐっすり。考えてみれば、ゴルゴを読んだのもコタツで寝たのも久しぶりです。

眠気覚ましに風呂へ行くと、ちらほら雪が舞っていました。鹿児島はこの日が初雪だったとか。

朝日の中でお湯を独り占めです。事情がわからないまま選んだ宿ですが、来て良かったとつくづく思いました。

精算をし、玄関口で例のタクシーを待っていると、ご主人が「また来てください」と声をかけてくれました。お馴染みの運転手さんは「あの宿は息子さんがやっていて、下の宿も確か親族だったと思います」と教えてくれました。

出水駅からは、ぜひ乗りたいと思っていた九州新幹線に乗車。当時は新八代駅までしか通っておらず乗客もまばらでしたが、きれいな客車で満足しました。

というわけで、秘湯や〝ボロ宿〟と言っても実際にはそれなりに豪華で近代化された宿が多い中、久しぶりに発見した本当の秘湯で

**浴槽の底から自噴する源泉かけ流し**

した。東京からは遠いのですが、ぜひまた訪ねてみたいと思っています。宿のご主人だけでなく、バスやタクシーの運転手さんなど、地元の温かい人情に触れたこともいい思い出になりました。

### 八代　日奈久温泉 新湯旅館

〒869-5135 熊本県八代市日奈久中町290
☎0965-38-0728

### 出水　白木川内温泉 旭屋旅館

〒899-0341　鹿児島県出水市上大川内5002
☎0996-68-2812

# 第九章

# 雪国を旅する

駅舎を出ると雪の壁が

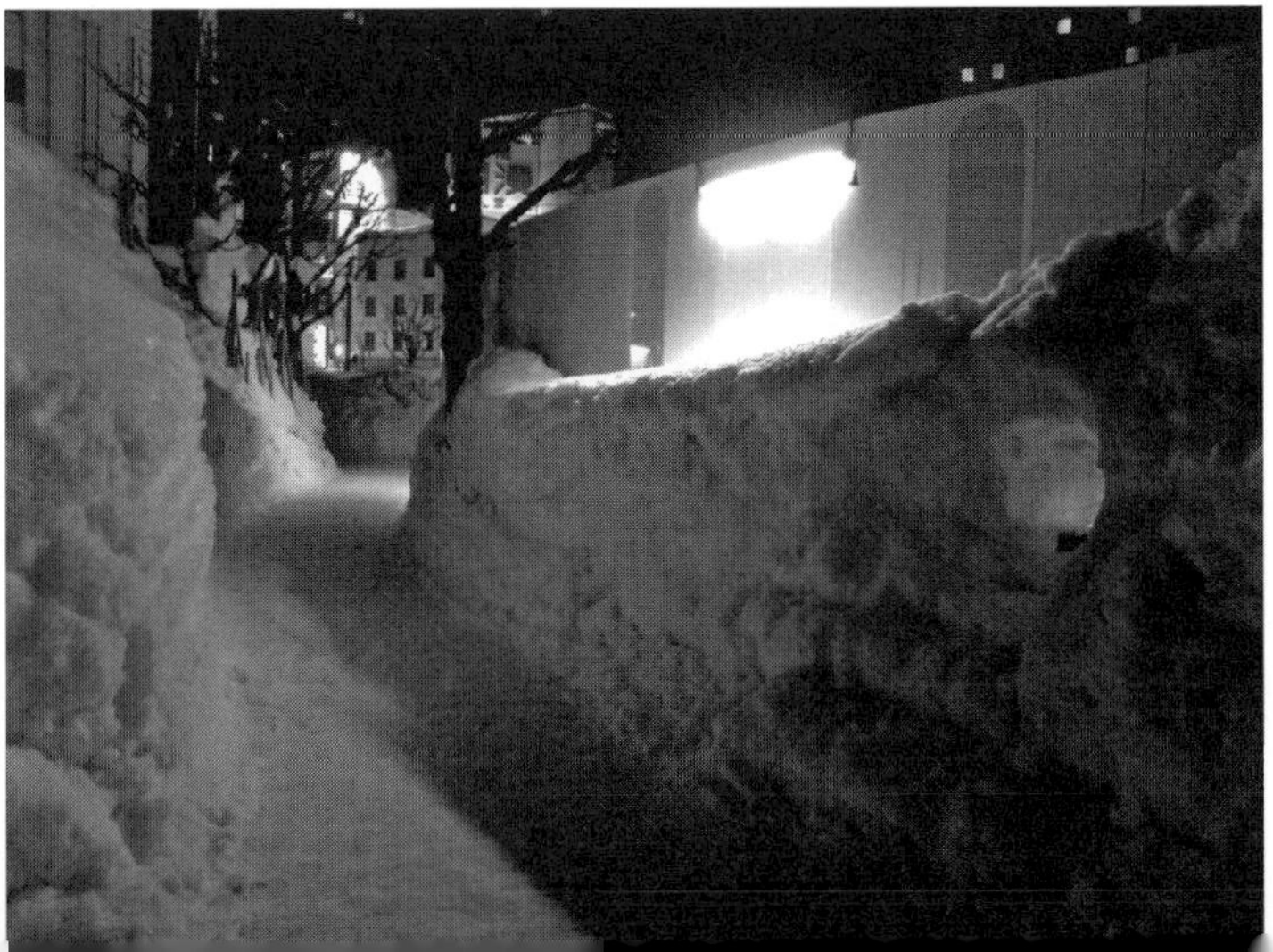

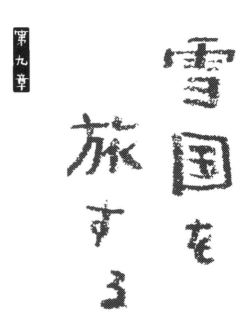

# 訛りある若い美人女将が切り盛りする商人宿

## 雪まつりのかまくらで餅に舌鼓

今から思えば東日本大震災の直前のことでした。２０１１年2月。秋田の能代《のしろ》と宮城の気仙沼《けせんぬま》に行く用事があり、どこか中間地点で1泊しようと場所を検討した結果、ちょうど雪まつり期間中の横手《よこて》に注目。あこがれの横手かまくらを見に行くことにしました。

能代と気仙沼は同じ東北とはいえけっこう遠く、横手は必ずしも中間地点とは言えません。速さだけを考えれば秋田新幹線で盛岡《もりおか》まで出て、さらに東北新幹線で一関《いちのせき》まで行くべきだと思いますが、雪まつりの誘惑には抗いがたく、横手の「尾張屋旅館」を予約しました。

予約の時、電話に出た少し訛ったおばちゃんが「雪まつりは今週はじめから見られる体制になっておりまんす」というので安心しました。到着時間が読めず、出発も早くなりそうなので素泊まりでお願いしました。

当日は朝早く東京駅を新幹線「こまち」に乗って出発し、昼頃、秋田駅へ。雪が多いと聞いていましたが、市内はそれほどでもありません。

秋田駅からは車で能代に移動。前年11月に出かけたときには狙っていたラーメンが食べられず残念な思いをしましたが、今回も諸事情によりダメでした。「十八番」のラーメンが食べられる日はいつかくるのでしょうか。

仕事を済ませ午後遅く秋田駅に戻り、いよいよ奥羽《おうう》線で横手に向かいます。もう日暮れ近くで、奥羽線は混雑中。午後7時過ぎに横手に着いたら真っ暗でした。駅のホームにもかなり雪が積もっています。

駅舎を出ると、いきなり雪の壁が現れました。ライティングされて、かまくらもすでにあちこちに作ってあります。いやぁ、さすがに横手は雪が深い。同じ秋田でも、秋田市内とは全然違います。

宿に入る前に雪まつりを見物し、食事もすませる魂胆だったので、まずは会場へ。メインは横手地域局前と聞いていたのですが、どっちに行けばいいのかわかりません。駅前を歩いているおまわりさんに「横手地域局はどっちだべか」と聞くと、一緒に歩いて親切に教えてくれました。

「近くにいってもわからなかったら、誰でも歩いている人に聞けばすぐわかる。今、町中まつりだから」とのこと。

会場の大通りに到着すると、雪像もありました。見物客もけっこう出ています。かまくらはもう数えきれないくらいあって、客が中で火鉢を囲んでいるのもあれば、誰もいないのもあり、私も中に入ってみたりしました。

ふらふら見物しながら歩いていると、いきなりうしろから「これどうぞ!!」と知らない子供に大きな声をかけられました。

ふりかえると子供が「もぢ、もぢ」と焼いた小さい餅を差し出します。「ありがとう」と貰って食べると、炭火で焼きたてなので、信じられないくらいのおいしさです。ふだん餅なんか好んで食べませんが、これはおいしいと思いました。

少し行くと屋台が集まっているエリアを発見。今晩は横手焼きそばを食べてやろうと決心しました。

さらに大通りの近くには魅惑の歓楽街らしき路地も見つけました。この入り口付近に食堂があったので、横手焼きそばとビールを注文。店のおばちゃんが「ほかには？　餃子はいりませんか？」と言うので、「そんなに食べられないから、何か軽いおつまみでもありますか」と聞いてみました。

軽い気持ちだったのに、おばちゃんはえらく悩んで「漬物とかならありますけど…」。仕方ないので餃子を頼みました。

結果的に餃子も横手焼きそばもおいしく、特に焼きそばは味が濃くてビールに良く合いました。

## 若い美人女将にドキッ

そんなことをしているうちに午後8時を過ぎたので、宿に向かうことにしました。雪まつり会場からすぐでしたが、路地裏の道路にも雪が積もりなかなか風情がありました。不思議なことにあまり寒さを感じません。

宿の正面は期待に反して、かなり現代的で瀟洒な雰囲気。でもよく見ると古い宿の感じも随所に残っています。

声をかけると女将さんが出てきて部屋に案内してくれました。予約の電話に出た訛っていた女将さんですが、これも予想に反してけっこう若い美人。ギャップにとまどいました。

夕食はもちろん横手焼きそば

こういう上品な感じの美人が訛っていると、逆にあたかかい感じがしてすごく好感が持てます。言葉遣いもすごくていねいでした。

部屋に通され話を聞いたところ、この付近には由緒ある名旅館が3軒ほどあったそうですが、いずれも火事にあったり廃業したりで、今は営業していないとか。見事な古い建築物だったそうで、すごく残念な気がします。

「うちは今はビジネス旅館ということでやっておりまんす」

尾張屋さんは、3軒とは比較にならない、細々とやってきた商人宿だと謙遜しておりました。

女将さんはよそからお嫁に入った人だそうですがご主人の家は代々ここで宿をやっており、「尾張屋」の屋号は出身地ではなく「姓」とのことです。

「明日の朝は、7時くらいに出たいので先に精算しといたほうがいいですか」と聞くと、「7時なら私が起きておりますのんで、その時でけっこうです」とていねいな返事。

部屋はきれいな6畳間です。素泊まりなので部屋に通されると女将さんがすぐに布団を敷いてくれました。お風呂にもすぐに入りましたが、正方形のかなり大きな湯船で快適です。部屋も設備

宿の前の通り

も清潔で、〝ボロ宿〟とはいえない宿でした。雪は深いけれど、部屋もそんなに寒く感じません。

翌朝早く起きて階下の洗面所へ行くと、すでにストーブがつけてありました。窓を開けてみると裏庭もすごい積雪です。

掃除が行き届いた館内。通されたのは快適な8畳間

精算して宿から出ると新しく雪が積もっており、人はあまり歩いていません。駅までは歩いて15分ほどで、歩道も雪だらけ。明るいところで見ると、雪まつり会場以外でもあちらこちらにかまくらが作ってあります。

夜到着して朝出発するというあわただしい横手滞在で、こんなことでは来たとは言えないかもしれませんが、かまくらも一応見たし、何となく満たされた気分で駅へ。駅は改装中のようでした。通学途中の地元高校生たちでにぎわっていました。

ここからは奥羽線を離れ、北上《きたかみ》線で北に向かいます。駅舎の中に1メートル以上の積雪があり、これだけの雪を目にするのは久し振りでした。

北上からは東北線に乗り換え一関へ。さらに大船渡《おおふなと》線に乗り換えて気仙沼に向かったのですが、気仙沼まで着くとほとんど雪はありませんでした。

普通列車での移動なので時間はかかりますが、のんびりした気分でなかなか快適です。これで仕事さえなければな、などとつい思ってしまいます。

乗り継ぎにけっこう時間があるので、駅の周辺を散歩してみたりしました。朝ごはんは北上駅の立ち食いそば。最後は気仙沼から気仙沼線経由の快速列車で仙台《せんだい》まで出て、新幹線で東京に戻りました。

移動距離が長く大変でしたが、横手の雪まつりをちらっと見物できたのが何よりでした。ちなみに晩飯は帰りの新幹線で「むすび丸弁当」でした。

**横手　尾張屋旅館**

〒013-0031 秋田県横手市鍛冶町3-33
☎0182-32-3250

**町中にはいたるところに「かまくら」が**

# 角館から秋田を縦断して青森へ

## 大雪に往生して宿に駆け込む

2011年の年末、秋田から青森に旅した最初の目的地が角館《かくのだて》です。角館駅は秋田新幹線で秋田に行く時に通るたび、いつも途中下車したい誘惑にかられる駅でした。

なぜかと考えてみると、昔に見たNHKの朝ドラでイメージができたような気がします。大正時代、旧士族の家に生まれた浅茅《あさぢ》陽子《ようこ》扮するヒロインが飛行機にあこがれ、両親の猛反対を押し切って飛行家としての夢を叶える「雲のじゅうたん」の舞台が角館でした。何十年も前のドラマです。

桜並木の武家屋敷が有名で、江戸時代後期の旅行家、かの菅江《すがえ》真澄《ますみ》先生が没した地とも言われております。また、角館駅を通るたびに「乗ってけれ秋田名物内陸《ないりく》線」という看板を見て、乗ってみたいと漠然と思ってきました。

数日遊べそうな時間があったので、まずは角館に1泊し、秋田

宿の窓から見えた見事な“たろんぺ”（秋田弁でツララのこと）

内陸鉄道経由で弘前《ひろさき》に回り、さらに青森市方面に抜けるという企画を考えてみました。宿を調べてみると、なかなかこぎれいなホテルなどもありましたが、なるべく古い旅館はないものかとさらに調べてみました。

結局、明確な情報はなく、名前と連絡先だけがウェブに出てくる「高橋《たかはし》旅館」にお願いしてみることにしました。

電話すると、何となく気さくそうなおばちゃんが出て、感じは良さそうです。夜は付近の居酒屋かどこかで食べることにして、朝食のみ付けてもらうようにお願いしました。

角館というとすごく遠く感じますが、東京駅から秋田新幹線に乗ると、3時間かそこらで着いてしまいます。すごく便利です。この日は朝10時くらいの「こまち」に乗ったので、午後1時過ぎには角館にいました。お昼は新幹線の中で弁当を食べ、ビールをたらふく飲みました。

駅の外に出ると、12月なのに大量の雪です。この年は秋田や青森の各地で、かなりの雪に見舞われていました。

かなり寒いこともあって、とりあえずは駅前の観光案内所に避難。中では観光客向けなのか、雪ぐつの貸し出しサービスが行われていました。

よくわかりませんが、なぜかキャラクターらしき人形の頭だけ置いてあります。中に入っていた人が、

寂れた商店街には映画館の廃墟らしき建物

トイレにでも行っているのでしょうか。

着いてからどうしようかあまり考えていなかったのですが、これだけの雪があると長く歩くのも辛いので、まずは宿に荷物を置かせてもらい、それから武家屋敷方面の観光に行くことにしました。

宿に電話してみると「今どこ？」と聞かれたので「駅前」と言うと、部屋の準備をしておくから気をつけてくるようにと優しい返事。

ストーブとこたつであたたまっていた８畳間

駅前の大通りを、やや下る感じで市街に向かって歩きます。私は雪もそれなりに慣れているつもりですが、やはり歩きづらくて、凍ったところでコケそうになりました。

寂れた感じの商店街を10分くらい歩いて宿に到着。角館でもそれなりににぎやかな通りに面しているようです。古そうな宿ですが、思ったより外観はきれいで、建物脇の路地みたいなところに玄関がありました。

声をかけると「まあよぐきだ。まんずあったまって」と、おばちゃん登場。「少し休んだら武家屋敷のほうに行って、ついでに夕食も食べてきます。お風呂はそれからでもいいですか」と聞くと、「お風呂は何時でも入れるから大丈夫。食事もこの辺にはいろんな店があるから大丈夫だ」とのこと。

２階の部屋に勝手に行ってくれと鍵を渡されました。たぶん、階段の昇り降りがつらいのかもしれません。

2階に上がって言われた部屋に入ると、すでにストーブであたたまっていただけでなく、こたつも入っていました。思ったより立派な8畳間で、古いけどきれいにしてあります。すごく快適な部屋です。

お茶を入れて一息。やはり東京から一気に来ると寒さをひときわ感じますが、室内に入ってしまえば東京よりあったかいくらいです。

## 武家屋敷で往時をしのぶ

一休みしてから、おばちゃんに声をかけて外出してみました。武家屋敷まで歩いて10分くらい。途中にスーパーがあったので寄ってみると、ハタハタが大量に売られていました。さすが秋田です。

商品の違いを見るのも楽しいので、知らない街のスーパーに寄るのはなかなかおもしろいもの。ショッピング・センター形式で百均ショップや観光物産店もあって便利そう。明日寄って、おみやげを買うことにしました。

歩いているうちに、武家屋敷らしき雰囲気が出てきました。私は有名観光地に行くのはあまり好きではないのですが、それは人が多いのが面倒だからで、人が少ないならなるべく行ってみたいのです。この日は大雪のせいか、あまり人の姿はありませんでした。

武家屋敷通りは、正式には『重要伝統的建造物群保存地区』と

青柳家。この茅葺屋根の母屋は築200年

いい、江戸時代のはじめに行われた大規模な都市計画で、上・中級武士の武家屋敷が集まったエリアだそうです。歴史村として観光化され、武具や生活用具などの展示場のほか、売店や喫茶店などもありました。しかしこの時は、お客よりスタッフのほうが完全に数が多く、手持ちぶさたのようでした。

武家屋敷の6、7軒は見学可能だったので、「青柳家《あおやぎ》」と「石黒家《いしぐろ》」に入ってみました。「青柳家」は格式の高そうな大きな家ですが、これでも歩行頭《おかちがしら》で六十石取り。武士のクラスとしては中級だったようです。

この家には有名な〝薬医門《やくいもん》〟と呼ばれる形式の、切妻《きりづま》屋根をかけた門があるのですが、修復工事中らしく見ることができませんでした。小さな城下町なのに、これだけ裕福な武士がいたというのが不思議です。それにしても戦災を免れ、これだけの家がこの一帯に残っているわけで、こんな雰囲気の中で実際に暮らしたらどんな感覚が育つのでしょうか。

現存する武家住宅の中で最も古いのが「石黒家」で、ボランティアらしき案内の人がいろいろ説明してくれました。ここは一部の部屋を公開し、奥には実際に人が住んでいるそうです。売店に使い捨てカイロがあったので、寒さのあまりつい買ってしまいました。

もうこれだけでかなり時間がかかり、疲れたというより寒いので歴史村内のカフェに退避。2階は古い時計などを展示し、1階は売店とカフェになっています。コーヒーであたたまりつつ置いてあった観光案内のパンフレットで夕食を食べる店の見当をつけたりしているうち、外はすっかり暗くなっていました。

まだ5時前なのに暗く、しかもかなりの降雪です。寒いし、もう居酒屋に行きたいと思ったのですが、この時間ではやっていないだろうと近くのおみやげ屋さんや桜皮工芸品の店などを見物。時計の針が5時を過ぎた頃、新たに積もりつつある雪をかきわけながら、ちょっと裏道に入った居酒屋に到着しました。雪がなければ武家屋敷からも5分くらいの距離です。

パンフレットに出ていた店は「日辻屋《ひつじや》」。一見、お寿司屋さんのような日本家屋ですが、店頭にクリスマスみたいなイルミネーションが出ていました。イメージが違いましたが、もう店を選り好みしている余裕はありません。

入るとすでにカウンターで常連らしき客が飲んでおり、あがりの座敷には宴会用のセットがしてありました。意外に人気のお店のようです。

カウンターに座ってまずはビール。お通しにおでんが出てきました。これがおいしかった。肴にアジやイカの刺身のほか、きりたんぽ鍋を注文。どれもボリューム感がありおいしいので、その後お酒をかなり飲みました。

店のご主人が「お客さんは観光ですか」と声をかけてきて、いろいろ話しているうちに、ご主人が地元の人ではなく、一時期、東京の私の家の近くにも住んでいたことがわかりました。

その後もう2人くらい常連らしき客が来て一緒にいろいろ話をしました。とにかく12月にこれだけの雪が降るのは珍しいそうです。

私が「しかし観光で来る分には、これぐらい雪があったほうが風情があっていいですね」というと、「そりゃそうだけど、住んでいるほうからしたら雪かきでもう筋肉痛だよ」と笑っていました。

高橋旅館に泊まると言ったら、「あそこも1階で料理屋をやっていて、すごくおいしいんだよ。ただ予約制だからね」ということでした。高橋旅館はけっこう多角経営をしているようです。

すごくおいしいうえに安かったので、大正解の夕食でした。ここから歩いて宿までは5分くらいでしょうか。コンビニで地酒を買い、あえて裏道を通って宿に帰ろうと思っていたら、やはり酔っぱらっていた

大正解だった「日辻屋」のきりたんぽ鍋

せいかコケてしまいましたが、執念で地酒は死守しました。

ようやく宿の前の通りにもどると、こっちにも何だかライトアップされた店がありました。とにかく歩いていると寒いのですが、雪の降る中だと何だか幻想的な気分になってしまいます。

部屋に戻ったらさっそくお風呂に。古い宿のわりには近代設備の立派なお風呂でした。お風呂あがりにまたも地酒を飲み、寝たのは午後11時くらいだったでしょうか。夜になって本格的に降り出した雪は、この時もまだ降り続いていました。

## 愛想のよい女将さんと人見知りのおっちゃん夫婦

翌朝はとっとと起きて朝食へ。窓から外を見るとまだ雪が降っていて、積雪も増えています。1階におりるとおっちゃんがいて、何だか恥ずかしそうにこっちを避けるような感じだったので、「おはようございます。朝食はどこですか」と聞くと、奥の部屋を指さして「こっちです」とひとこと教えてくれました。人見知りするおっちゃんなのでしょうか。

朝食はカウンターのみの不思議構造の食堂です。奥からおばちゃんが出てきて、「炊きたての秋田こまちだからたくさん食べてね」とご

幻想的な雪の夜

**息子さん夫婦が経営の料理屋「じん市」は食べログなどでも大人気**

**カウンター式の食堂**

はんを持ってきてくれました。

　聞けばこの宿を始めてもう100年くらいにはなるのだとか。昔は商売の人や、付近の田舎から町に出てくる人などが泊まって繁盛してきたそうですが、最近は観光客が中心ということでした。

　1階の料理屋は息子さんがやっていて、予約制のなかなかの高級店のようです。そういえばここの朝食も、キンピラでも漬物でもどことなく料亭みたいな上品な感じがありました。料理屋と共通のこしらえなのかもしれません。

　前夜は「日辻屋」で夕食を食べたと言ったら、「あそこは1人前から鍋をやってくれるし、何でもおいしいから私もよく行くんですよ。いい店に行きましたね」とほめられました。

　宿を出る時に「今日はどちらへ？」と聞かれたので「秋田内陸鉄道に乗って山のほうに行く」と言ったら、「どんどん乗ってあげてくださいね。経営が大変みたいだから」とのことでした。

　高橋旅館は明るくて愛想のよい女将さんと、どこか人見知りがちのおっちゃんのコンビがおもしろく、なかなかいい宿でした。朝食もおいしかったので、今度来るとしたら夕食付きで泊まってみたいと思います。

さてこの日は秋田内陸線に乗る予定ですが、その前に市内にもうひとつある田町《たまち》エリアの武家屋敷へ。ついでに、宿の近くのスーパーの観光物産店で買い物をし、昨夜のきりたんぽ鍋がおいしかったので比内《ひない》地鶏のたれや比内地鶏スープ、地酒などを宅配で家に送りました。

店のスタッフの人に聞くと、「生まれてこの方、武家屋敷には行ったこともない。花見にも出かけたことがない」と言ってました。地元というのは、そういうものかもしれません。

田町武家屋敷も歩いてすぐですが、道すがらに雪かきの人がたくさん出ていました。「西宮家」という古い家が工芸品の店とカフェをやっていたので、お茶を飲んであたたまったあとに武家屋敷をひと通り見学。裏道に入ったところで大きな味噌・醤油屋さんを発見しました。かなり古い歴史のありそうな店です。

中に入ると女性スタッフがすぐに出てきて蔵座敷の見学（無料）や、味噌汁やダシ汁などの試飲（無料）に案内してくれます。観光スポットとしてすごく手慣れた感じでした。

そうこうしてるうちにお昼です。周辺には地元のうどんや稲庭《いなにわ》うどんの店もあったのですが、目を付けていた地元の中華料理店に入ってラーメンを食べました。どこに行ってもラーメンばかり食べてしまいますが、私の好きな化学調味料味の昔懐かしいラーメンでした。

駅まで歩く途中でさらに本日用の地酒ワンカップとビールを買い込み、内陸鉄道の駅へ。「乗ってけれ　内陸線！」と書かれた木の看板があったので、乗ることにしました。

**角館市　高橋旅館**

〒014-0318 秋田県仙北市角館町中町12
☎0187-53-2659

## 大雪の大鰐温泉でモヤシラーメン

青森県弘前市の「石場旅館」といえば、〝ボロ宿〟業界⁉︎では有名な宿で、以前から機会があれば泊まってみたいと思っていました。とはいえ創業明治12年。弘前城にもほど近い由緒正しい名旅館で、いわゆる安宿ではありません。敷居が高い感じがしていましたが、泊まってみたい気持ちは抑えきれず、思い切って電話してみました。すると意外に若いにいちゃんが電話に出て、料金体系を説明してくれました。素泊まり料金に加え、夕食の料理によっていくつかプランが選べ、朝食も付けたり付けなかったり自由に選択できます。非常に明解な料金システムから、私は二食付き8千円ちょっとのプランを頼んでいました。

いよいよ今夜はその石場旅館に泊まります。この旅の重要イベントと言っても過言ではありません。

どうせなら、途中の、津軽の奥座敷と言われる大鰐《おおわに》温泉にも泊まりたい気持ちがありました。大鰐温泉には今では珍しい『客舎形式』の宿があり、そういう宿にも泊まってみたいと思っていたのです。

『客舎形式』とは昔の湯治スタイルで、温泉街の中心に共同浴場が設けられ、客はそれを囲むように建ち

奥羽本線は雪のため遅延につぐ遅延

並ぶお風呂のない「客舎」と称する宿に泊まって共同浴場に通うという方式です。

しかし今回はスケジュール的な事情で大鰐温泉では乗り換えるだけ。客舎には泊まらないことにしました。

さて、角館駅で乗った内陸線はぐんぐん北上、3時間ほどで秋田県を縦断して終点の鷹巣《たかのす》駅に到着。ここから奥羽本線に乗り換えるのですが、雪のせいでダイヤは乱れています。この日、まれにみる大雪が津軽、秋田地方で降り続き、雪に慣れた地域とはいえ、けっこう大変なことになっていました。

鄙びた弘南鉄道の駅

弘前に行くのに、そのまま大館《おおだて》から直接行くルートもあれば、大鰐温泉で下車し、弘南《こうなん》鉄道に乗り換えていく方法もあります。今回は、せめて雰囲気だけでも感じようと大鰐温泉駅で降りてみました。

昔の賑わいからすると寂れているのでしょうか。大鰐温泉駅の周りには、商店やおみやげ屋はありましたが、ちょっと寂しい感じです。

ワニの像がありました。こういうオブジェで媚びるような観光化には私は否定的です。古い湯宿があるのですから、そのままのイメージを大切にしてほしいと思うのですが、私の意見はしょせん少数派ですから仕方がないことなのかもしれません。

ここでせめてお昼ぐらいは食べていきたいと店を探すと、

駅前にありました。「山崎食堂」。この時期、大鰐温泉の名物は温泉熱で育てたモヤシだそうで、モヤシラーメンを食べました。

モヤシもおいしかったですが、ラーメン自体が素朴な味付けでおいしかったです。東京にあったら、毎日食べに行くのに。

駅に戻り、弘南鉄道に乗って、弘前に向かいます。ＪＲ線とは違い、弘南鉄道の大鰐駅はプレパブみたいな質素な駅です。

乗り込んで大鰐の観光パンフレットなどを眺めていると、正体不明の謎の女性がなれなれしく話しかけてきました。

「こんにちは。観光ですか？　今はモヤシラーメンがおいしいですよ」

今食べてきたばっかりです。この人は何を言ってるのだろうと思っていたのですが、あれこれ話を聞いていると、どうもこの女性は弘南鉄道の車掌さんのようでした。一見して気がつきませんで失礼しました。

私がこれから弘前に行くと言うと、市内の観光マップを差し出してきて、いろいろ見所を説明してくれます。市内には古い洋館などが多いなど、知識がなかった私は大変助かりました。

「ほら、この列車の吊革はリンゴをかたどっているんですよ」

見れば、確かにかわいらしい吊革です。輪っかの赤はリンゴを、上に乗った三角の緑は岩木山《いわきさん》をイメージしてるとのこと。地域の鉄道もいろいろ工夫をこらしていますね。本当にがんばってほしいです。

やがて列車は弘南鉄道・弘前中央駅に到着しました。雪が断続的に降り、少し風もあるため寒さもひとしおです。駅前でコーヒーを飲みながらいろいろ考えましたが、まずは旅館に荷物を預け、それから市内散策をしたらいいのではないかという結論に至りました。

まだ午後2時前だったのですが、宿に電話をすると「チェックインはまだできないけれど、荷物はいつでも預かる」との返事。とにかく歩いて宿に向かうことにしました。

そんなに遠くはないはずですが、雪が激しく降ってきたせいで、歩くのも大変でした。土手町《どてまち》という弘前市内一の繁華街を通ったのですが、立ち止まる人もなく、みんな傘を斜めにさしながら無言で歩いています。

## 吹雪の中で天守を見て、謎のバーで酔っぱらう

これじゃお城を見学するのもちょっと無理かな、と思いながら宿に到着。思ったとおり、かなり良い感じの宿です。

声をかけるとおばちゃんが出てきました。

「荷物を預けようと思ったけど、この天気なのでもう入ってしまおうかな。いいですか」と聞くと、いいですよと2階の部屋に案内してくれました。

もう入り口付近から部屋に向かう階段に到るまで、すごく古そうで風情があります。よくぞ今まで保存していてくれたと、嬉しくなってきました。

部屋も古いはずですが、ストーブは暖かく、設備も近代化してありなかなか快適です。窓は中庭に面しており、かなりの積雪が残っています。

部屋でお茶を飲みながらおばちゃんと話すと、「弘前も雪が多いところで、1月2月ならこれくらい降るけれど、12月にこんなに降るのは珍しい」と言っていました。

ちなみに、このおばちゃんに「女将さん」と呼びかけると「私は手伝いです。この宿は今、若主人がやっております」ということでした。

とにかく雪がすごいので、このまま夕食まで引きこもろうと思っていたのですが、少しすると外が明るくなり、雪がやみました。そうなるとせめて弘前城くらいは見学したい気分になってきます。

下に降りてさっきのおばちゃんに見送られ外へ。帳場には若主人もいて「家にも風呂があるけれど、もし良かったらあとで近くの温泉まで送っていく」と言ってくれました。かなり若いご主人です。

期待以上の雰囲気にうっとり

外は大雪でも暖かく快適な室内

それもいいな、と思ったのですが、それは後で考えることにして、お城見学へ。雪があって歩きにくいのですが、なんせ弘前城は宿のすぐ近く。雪道になれない私でも、ほどなく到着しました。途中、津軽藩初代藩主、津軽為信《ためのぶ》と思しき像も発見。弘前城のお堀は凍っていました。

みるまに雪がひどくなってきて、天守あたりではもう吹雪状態。

それでも数人の観光客が見物していました。

私はお城の北門を出たところにあるという古い商家を見学したいと思っていたので、大雪が降るなかを北門方面に向かいました。

北門を出ると、すぐに古い平屋の家が現れました。これが代々続く商家です。今でも酒屋をやっているようで、「見学したい」と言うと、「今はあまり片づいていないので土間だけなら見せられる」とのこと。100円払って見学することにしました。

中に入ると薄暗くて大きな土間に面して座敷があります。土間と座敷の天井はひたすら高いというか天板はなく、屋根組が見えていたような。

囲炉裏《いろり》では炭ではなく薪を燃やしており、本当に昔のままなのたたずまいのようです。家のおばちゃんが「本当に昔のままなんですよ」と言うので、「いやあ、本当にうらやましい。いい家ですね」と話すと、「あんまり古くて住むのはいろいろ大変だ」とのこと。雰囲気のあるいい家でした。

弘前城天守に着く頃には吹雪に

近くに大きな売店があり、そこにも寄ってみました。結局、地酒を買い宿に戻ることに。気づけば、もうだいぶ暗くなってきました。

宿に戻ると、隣の教会がライトアップされ、クリスマスみたいな雰囲気です。若主人の「温泉につれていく」という申し出を遠慮し、内風呂へ。ご主人は「よかったら朝は5時くらいからやってますから、送っていきますよ」とも言ってくれたのですが、結果的に朝はバタバタして行けず仕舞い。次の機会にはぜひ温泉に行きたいものです。

とはいえ、旅館の内湯もなかなか広く、ゆったりした良いお風呂です。ただ、湯気がすごくて写真が撮れなかったのは残念でした。

とにかくこの日はすごく寒い日で、部屋の中は暖かいのですが、廊下に出ると底冷えがします。食事は部屋食で、最初に案内に出たおばちゃんが運んでくれました。〝貝焼き〟があるのが何より。

〝貝焼き〟は、ホタテ貝の殻を鍋代わりに、豆腐やネギ、ホタテなどを味噌で味付けた津軽や下北《しもきた》地方に伝わる郷土料理です。

食事のあと、おばちゃんが「後でふとんを敷きにきます」と言いましたが、それも悪いので勝手にふとんを敷いてしまいました。

寝る準備を整えた後は、近くのバーへ。実はご主人が「宿泊のお客様には一杯サービスしてくれる店なので、石場旅館の客だと言ってください」と、店を教えてくれたのです。

そういうことであれば、何はともあれ行ってしまいます。しかし、どうも入口がわからず迷ってしまいました。やっと、普通の家みたいな玄関に小さい看板を見つけピンポンし、「石場旅館の客です」と言うと中に入れてくれました。ちょうど他の客が帰るところでした。

何やら怪しい雰囲気です。最初は宿泊客へのサービスだというシングルモルトを出してくれました。それを飲み干し、次にバーボンを頼むと、飲んだことのない高そうなバーボンを勧められたのでそれを飲んでみました。

しかし飲みつけないせいか、旨さがわかりません。お代わりは、ふだん飲んでるジャックダニエルにしてもらいました。

ママによると、このバーは常連客やその紹介客しか来ない会員制の秘密バーで、密談があるような客や落ち着いて飲みたい客などが来るそうです。

地元出身のママはなかなか話がおもしろく、ほかに客もいなかったので、いろんな話をしました。覚えてるのは市内に残る古い建築物の話です。私が昼間見学した城の北門前の古い商家は、昔、「南部のスパイではないか」という噂があったとか。そんな話が残っているなんて、さすが城下町です。

そのうち世代的に近いせいか、なぜか子供の頃に祭りに出る夜店の話になり、お化け屋敷とか、見せ物小屋なんかの話で盛り上がりました。

そんなわけで、かなり飲んだのでそうとう高くつくな、と覚悟していたのですが、お勘定を頼んだら2千円だというので拍子抜けしました。やはり石場旅館の客だということで気をつかってくれたとしか思えません。普通の安いショットバーの5千円分はたっぷり飲んだ気がします。

## 五所川原でしみじみラーメンに舌鼓

そのまま上機嫌で宿にもどって寝てしまいました。ご主人はまだ帳場で起きていて「どうでしたか」というので、「いやあ〜すっかり飲みすぎてしまって、しかも安いので恐縮しました」と言うと、「明日の朝、もし気が変わって温泉に行きたくなったら、朝からここにいますから」とどこまでも親切に言ってくれました。

せっかくなので温泉につれていきたいみたいです。でも私は、たぶん早起きできないだろうなあ、と思っていました。

翌朝は、やはり起きた時はもう朝食の時間ぎりぎりでした。廊下に朝刊と新しいお湯が置いてありました。すごく気配りのきいた宿です。

結局、この日は五所川原《ごしょがわら》でストーブ列車に乗り、さらに青森経由で十《と》和田《わだ》市まで行く予定だったので、早めに出発することにしました。出がけにご主人が「もっとゆっくりしていってください」と言ってくれたのですが、そういうわけにもいかずタクシーを呼んでもらいました。

タクシーを待ちながら話したところ、弘前はいろんな芸術・文化のグループがあり、活動が盛んなようです。そういえば昨夜のバーでも、しびれた頭で記憶が定かではありませんが、工芸か何かの展示会のパンフレットをもらったような。

それに古い喫茶店がかなり残っていて、通う客も多く、昔の喫茶店文化が残っているそうです。ぜひまたゆっくり泊めてもらいたいと思って宿をあとにしました。

JR弘前駅からは五能《ごのう》線の五所川原駅をめざし、五所川原駅からは津軽鉄道に乗り換え金木《かなぎ》駅をめざしました。

2年くらい前にもストーブ列車に乗って金木駅まで行っており、今回は2度目です。行きの電車の中で

朝起きると廊下に朝刊が

定番ながら充実の朝食

は、ここでも女性の車掌さんが地図をくれ、「金木に行く」と言うと、いろいろ見どころを教えてくれました。

金木では、太宰治《だざいおさむ》の生家「斜陽館」に向かいます。途中、太宰治が疎開していた「津島《つしま》家新座敷」なる建物があったので、ちょっと入って見学。和洋折中の造りの、なかなか雰囲気のある家でした。

いまは「太宰治記念館」となっている「斜陽館」も相変わらずのデカさです。戦後は津島家が手放し、平成8年までは旅館として使われていたそうで、ぜひとも泊まってみたかったです。残念。

帰りはいよいよ待望のストーブ列車に乗車。以前に乗った際、強引にお酒を売ってきたおっちゃんが相変わらずいました。今回は自主的にお酒とスルメを購入すると、若くて美人の車掌さんが手早くスルメを焼いてくれました。

五所川原にもどったあとは、前にも寄った「平凡《へいぼん》食堂」を再訪。ここも相変わらずおっちゃんが1人でやっており、お酒のほかにラーメンを注文しました。ここのラーメンは見栄えが素朴すぎるのは確かなのですが、やはり懐かしい感じの味で捨てがたいものがあります。

ここから青森駅まで行くにはいろんな方法が考えられます。食堂のおっちゃんに聞くと「みんなバスで行く。電車はあてにならない」とのこと。なんでも30分に1本ぐらいの割合で青森行きのバスが出ているそうです。

所要時間は「この時期だと1時間半みておく必要がある」と、何を聞いても的確な答えが返ってくるなかなかただ者ではないおっちゃんでした。

そういうわけなので、ちょっと付近を散策したあとに弘南バスの待合所へ行くと、けっこう大勢の客がいました。寒い日なので、ストーブがありがたかったです。ここにも立ち食いそば屋があり、なかなかそそるものがありました。特に「じょんがらそば」500円に興味を持ちましたが、いまラーメンを食べたばかりなので今回はあきらめました。

ほどなくやってきたバスに乗車、青森駅に着いた時はもう暗くなりかけていました。そこから「青い森鉄道」に乗り換えて三沢《みさわ》駅へ。ここで十和田観光電鉄に乗り換えるのですが、この鉄道は2012年4月に廃線になることが決まっていたため、最後の乗車となりました。

また、三沢駅の駅そばも存続するのかどうかわからなかったので、まだあまりおなかがすいていませんでしたが、無理やり食べてきました。

寒い冬の夜なので、よけい侘しさを感じます。しかし捨てがたい風情を持った駅です。なくなるなんて本当に残念です。ようやく十和田についたのはもう夜の8時を過ぎていました。


ストーブ列車では美人の車掌さんがスルメを焼いてくれる

いまや廃線となった十和田観光電鉄で三沢から十和田へ

## 弘前市　石場旅館

〒036-8355 青森県弘前市元寺町55
☎0172-32-9118

第十章

# 震災後の東北を巡る旅

どうしても泊まりたかった最上屋旅館

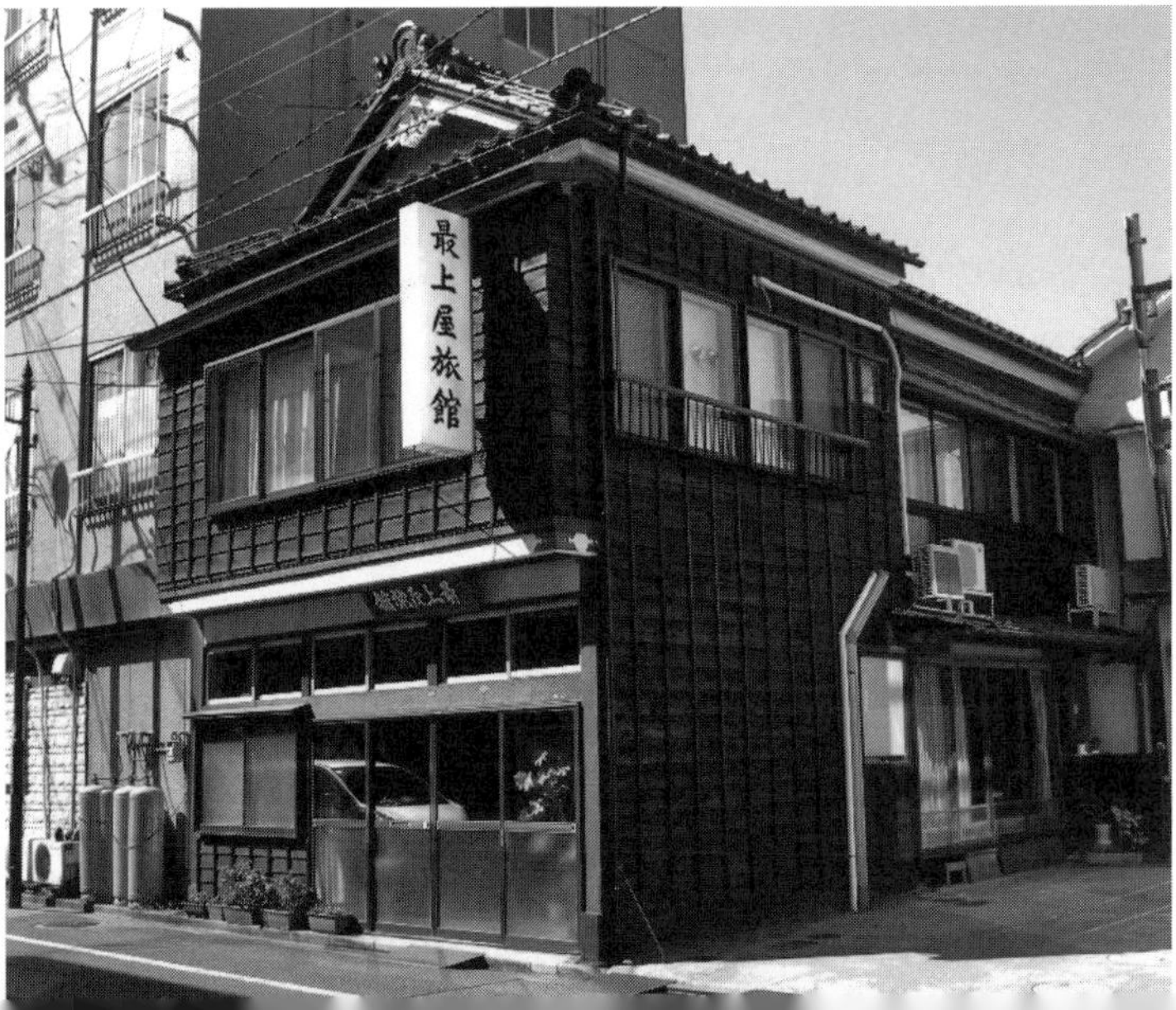

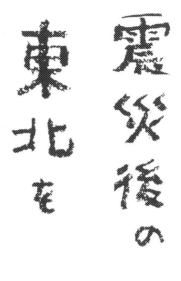

# 酒田と東鳴子で感激の宿に遭遇

## 鶴岡の城下町で歴史に浸る

2011年の連休に、震災後の東北方面を訪ねてみようと計画を立てました。福島県内も考えたのですが、いくつか宿を当たってみると、ボランティアや復興工事関係者、原発関係者のみを受け付けているところが多く、単なる観光目的の私としては、どうしようかと悩むところでした。

そんな時に、「日本ボロ宿紀行」ブログに時々コメントをくれる東鳴子《ひがしなるこ》温泉「まるみや旅館」のご主人〝きくちゃん〟さんから、「ゴールデンウィークでもお客さんが全然こなくて空いている」というコメントが。そんなことなら、この機会にぜひ行ってみようと、酒田《さかた》経由で東鳴子に出かけることにしました。

実は酒田にも、どうしても泊まりたい宿がありました。大正末期の商家建築で、木造3階建ての「最上《もがみ》屋《や》旅館」です。10年の2月に泊まろうと思っていたのですが、大雪で羽越《うえつ》線、奥羽線、陸羽西《りくうさい》線がすべて不通になってしまい、やむなく当日キャンセルしたのです。

そのとき電話口に出たご主人は「そういう事情であれば致し方ありません。次の機会にぜひお立ち寄りください」と言ってくれました。ついにそのときの雪辱を晴らす機会がきたわけです。

新潟、村上《むらかみ》を経て普通電車で酒田に向かいました。ひと駅ひと駅の車窓の風景を眺めながらのんびり進んでいくと、鶴岡《つるおか》駅に到着。鶴岡も歴史のある町で、藤沢周平《ふじさわしゅうへい》文学の聖地です。せっかくなので、ここで途中下車してお昼でも食べていこうと思い立ちました。

駅にある観光案内所に立ち寄って「1、2時間で見るとしたらどのへんに行ったらいいでしょうか」と尋ねました。案内所の人は「見どころは駅から少し離れていますが、旧商家跡や藩校跡、博物館などがありますので、そのへんに行ってみてはいかがでしょうか」と教えてくれました。

タクシーで教えられた辺りに行ってもらうと同時に、運転手さんに「鶴岡で軽く食事をするとしたら、どこがいいでしょう」と相談すると、鶴岡公園の周辺にいくつか店があり〝麦きり〟という、うどんみたいな鶴岡名物が食べられるということでした。

5分くらいで目的地に到着し、降り際に運転手さんが「この先が鶴岡公園で、到道《ちどう》博物館なんかがあるけど、その近くに店があるから」と教えてくれたので、まずは安心して、最初に到着した「旧風間《かざま》家住宅丙申堂《へいしんどう》」を見学することにしました。

風間家は、鶴岡城下で庄内《しょうない》藩の御用商人として発展し、後に鶴岡一の豪商となり産業の振興に力を注いだ名家のようで、丙申堂には2百年前の薬医門や、4万個の石が置かれた石置屋根などもあり、貴重な歴史遺産として国指定重要文化財にも指定されているのだとか。

ガイドが何人かいて、けっこう丁寧に説明をしてくれつつ、映画「蝉しぐれ」で市川染五郎《いちかわそめごろう》と木村佳乃《きむらよしの》の2ショットを撮影したという部屋で記念写真を撮ってくれました。確認すると、逆光でほとんど顔が写っていませんでしたが。

とにかく大きな商家で、広大な広間や金庫蔵などいろいろ見どころがあり、ここを見るだけでもけっこう時間がかかります。

近くに「丙申堂」とセット料金で見学できる「無量光苑《むりょうこうえん》　釈迦堂《しゃかどう》」というのもあったので行ってみました。

こちらは風間家の別邸で、良質の杉材を使った豪勢な数寄屋《すきや》風建築です。建物は小さいですが庭がかなり広く、大事なお客があった時はこちらに泊めたりしたそうです。

ここの受け付けをやっていたおばちゃんとけっこう話し込んでしまいました。地震で庭の池が枯れてしまったとか、実がなる植物は鳥が荒らすので植えられないとか話題も豊富。私が酒田の古い宿に泊まると言うと、「私もやっぱりホテルなんかより旅館と名の付くような宿がいい。このあいだ東京でホテルに泊まったけれど、カードか何かがないと電気も点かないし、わけがわからなかった」とこぼしていました。

そんなことをしているうちに、お昼を食べる時間がなくなってしまいました。電車を1本逃すと、次がかなり遅くなってしまいます。駅まで20分くらいだと思いますが、おばちゃんが「タクシーを呼んでやる」というのでお願いしました。

また普通電車に乗って酒田へ。駅前にはあまり食事ができそうな店がなかったのですが、立ち食いそばを発見。それでなくてもこういうのを見ると入ってしまう癖があるのですが、今日はお昼を食べるのにちょうどいいタイミングです。が、行ってみると廃業していました。残念。

もう午後2時を過ぎていたので、どうしようかと思いましたが、駅の観光案内所でもらった地図を見ると、「最上屋旅館」の近くに映画「おくりびと」のロケで使った家などもあります。そこで、まずいったん宿に荷物を預けて、それから付近を歩いてみることにしました。宿に電話すると、女将さんがこころよく引き受けてくれました。

駅から宿に行く途中はどこか寂れた感じで、古い飲食店などが廃業しているのが目につきます。酒田といえば北前船《きたまえぶね》で繁栄した町ですが、以前に大火にも遭っており、昔ほどの賑わいはなくなっているようです。

## ロケ地で「おくりびと」を堪能

宿に荷物を預けて、身軽に付近を歩いてみました。とりあえず、「おくりびと」で本木雅弘が勤務していた葬儀屋の事務所「NKエージェント」をめざしました。途中にも、古い料亭みたいな豪華な建物や、時代がかったキャバレーなどがあり、昔の繁栄がしのばれます。

宿から歩いてそんなに遠くないところに「NKエージェント」がありました。さすがGW。けっこう人がいます。映画の公開からだいぶ時間が経っているのでどうかと思いましたが、それなりに見学客が来るようです。

映画に出てきた事務所のセットが、だいたいそのままの感じで残されていました。奥のほうに、棺桶もディスプレイされたままです。3階も、山崎努と本木雅弘がふぐの白子を食べた社長室のセットが残されていました。火鉢やふぐの模型も置いてある、記念写真スポットです。

さらに、銭湯のおかみさんである吉行和子《よしゆきかずこ》の死化粧をした部屋も1階にありました。敷いてある布団に実際に寝て記念写真を撮ってやろうかと思いましたが、そういうことをする人はたぶんめったにいないと思ったのでやめておきました。

「おくりびと」関係はここで充分堪能したので、お昼を食べる必要もあり移動することにしました。地図

「NKエージェント」の事務所建物

調度品も年代が感じられる

廊下が喫煙スペースになっている

を見ると港のほうに観光市場があるようなので、とりあえず歩き出しました。

すると、途中の坂道に古い大きな家や倉庫のような建物が残されているのを発見。この辺は大火の被害には遭わなかったのでしょうか。

港に着くと、期待通り海鮮料理が食べられる店がありました。しかしどれもけっこう豪華で、いまさらこういうものを食べてしまうと、宿の晩ごはんが食べられなくなってしまうおそれがあります。

結局、アゴ出汁のうどんを食べることに決定。このうどんがすごくおいしかったので、濃縮のアゴ出汁を買いました。

港を少し見学したあと、酒田といえば欠かすことができない廻船問屋の跡に向かいました。港から市役所方向に坂をあがったところにある「旧鐙屋《きゅうあぶみや》」です。ずいぶん歩いて疲れていましたが、歩くしか移動手段がないのだから仕方ありません。

「旧鐙屋」は、酒田三十六人衆として町政にも参画していた大きな廻船問屋で、その繁栄ぶりは井原西鶴《いはらさいかく》の「日本永大蔵《にっぽんえいたいぐら》」にも記されているとか。なんでも江戸時代、前の通りには多くの廻船問屋が軒を連ねていたそうで、建物の中は、マネキンのような人形が当時の様子を再現していました。廻船問屋がどんなに儲かっていたか、よくわかるような、なかなかおもしろい建物でした。

いつの間にか午後5時を過ぎ、少し寒くもなってきたので宿に戻ることにしました。「最上屋旅館」には、3階に屋根裏部屋みたいな4畳半があるので、そこに泊めてもらえるように頼んでありました。

宿に着くとご主人が迎えてくれて「はしごみたいな急な階段ですからお気をつけください」と言いながら、部屋に通してくれました。すでに預けた荷物は運んでくれてあります。4畳半とはいいながら何と二間続きで、仕切りの襖は、かがまなければ通れないサイズです。欄間もなかなか凝った造りになっており、聞けば昭和元年ごろのままだとか。

思ったより上品できれい、もうこの部屋の雰囲気だけで、うれしくなってしまいました。執念を持って泊まりにきて良かった。

急な階段から廊下が続いていて、廊下が喫煙スペースになっていました。屋根裏の隠れ家みたいな部屋なので、窓からは隣の瓦屋根しか見えません。

ご主人が、「お風呂は家族風呂で、今、別のお客さんが入っているので、空いたらお知らせします」と言うので、しばらく部屋で待機。やがて内線電話で空いたと知らせてきたのでお風呂へ。館内はいい感じで、1階の廊下の造りなども、よく見るとなかなか風情があります。

お風呂は意外に広く、中から鍵がかかるのでゆっくり独占して入ることができました。

## なりゆきで開館時間を待って本陣を見学

そんなことをしているうちに食事の時間になりました。1階の小さな食堂に行くと、ごはんは炊飯ジャーが置いてあって基本的にセルフ。料理は、刺身や鍋が付いたなかなか豪華な夕食でした。何組かお客がいましたが、先に席についていた夫婦の客は、ごはんを少なくとも3膳ずつ食べていました。

実際、ごはんがおいしかったので女将さんに聞いてみると、やはり地元産の米で、いろいろテストした結果、一番おいしかったのを採用したそうです。なんだかんだいって、またもビールとお酒を飲んでしまいました。

食事のあとは、さらに部屋に持ち込んだ地酒を飲み、けっこう酔っぱらって早く寝てしまいました。この日は寒かったのでガスストーブをつけてみたりしましたが、布団に入ってしまうとすぐに熟睡。昼間かなり歩いたので、ちょっと疲れていたのかもしれません。

朝、目が覚めるとすでに明るくなっており、すごくいい天気です。

朝食を昨夜と同じ食堂で摂り、部屋

この部屋で布団を敷いて熟睡したが、
寝相が悪いと階段を転げ落ちる!?

に戻ってみるとすでに布団は片づけられていました。

それにしても改めて見ると、布団が敷いてあった部屋は階段のすぐそばです。障子はあるものの、もし寝相がものすごく悪いやつなら、一気に1階までころげ落ちてしまうかもしれません。

出がけにご主人が「今日は天気がいいので鳥海山《ちょうかいさん》がよく見えます。前はうちからも見えたんですが隣にビルが建ったので、今のおすすめ眺望スポットは隣のビルの2階です」と笑いながら教えてくれました。

確かに隣には小さな商業ビルが建っていてたので勝手に外廊下に入ってみると、鳥海山がきれいに見えました。しかし手前の木がじゃまなので、もう少し高いところから見てみたい感じです。

この日は夕方までに陸羽西線で新庄《しんじょう》まで行き、さらに陸羽東線に乗り換えて鳴子温泉に向かう予定でした。時間的にはけっこう余裕があるので、酒田市内でまだ見ていない武家屋敷の「本間家旧本邸」を見に行くことにしました。宿を出たのは午前8時30分くらいです。

前日に歩いた「旧鐙屋」前の道の並びに本間家旧本邸はあります。ちんたら歩いていると、松尾芭蕉《まつおばしょう》ゆかりの地の標識がいくつかありました。あのおっちゃんはいろんなところに泊まっているんだな、と思いながら、本間家に着くと、10時オープン（18年現在は9時半〜）ということでまだ開いていませんでした。

向かいに別邸があり人がいたので聞いてみると、「今の時間なら旧鐙屋という廻船問屋の跡が開いています」との返事。そこはもう昨日、見ています。

「それなら、川沿いに山居倉庫《さんきょそうこ》というのがあるので行ってみたらいかがですか」というので、行くことにしました。時間をつぶして待ってまで本間さんの旧居を見たいわけでもないのですが、こうなれば事のなりゆきです。

10分くらい歩いてその「山居倉庫」へ。途中の道端に、かつての朝ドラヒロイン〝おしん〟がいました。

酒田各所に“おしん”がいる

おしんの像は酒田の各地にありました。

山居倉庫に到着。酒田米穀取引所の付属倉庫として建造され、築百年以上経った今も現役で活躍しており、土蔵造りの12棟の屋根は二重構造。倉の内部は湿気防止構造になっているほか、背後を囲むけやきの大木は日よけ、風よけの役目を果たし、自然を利用した低温管理が行われているのだとか。なかなか雰囲気のある一帯です。

荷物を運ぶ川船なども展示してありました。川に降りられるので降りてみると、視点が違ってなかなかいい風情です。

倉庫の裏手のけやき並木は、すごくムードが良い石畳の通路になっていますが、吉永小百合に先を越されていました。ＪＲ東日本のＣＭポスターが貼ってあります。この人は、私が行く先々に出没します。

ここに大きなおみやげ屋さんやカフェがあったので時間をつぶし、いよいよ旧本間家本邸に戻りました。18世紀に、幕府の巡見使《じゅんけんし》一行を迎えるための本陣宿として建て、庄内藩主酒井《さかい》家に献上された長屋門構えの武家屋敷とのことですが、中は写真撮影禁止。しかもこの2日間、古くて大きな家をずいぶん見たので、それほどの感動はありませんでした。ただ、なかなかいい家であったことは確かです。

その後は、近くにタクシー会社があったので、そこでクルマを出してもらって酒田駅へ。電車の発車まで駅ビルでおみやげを買ったり、玉こんにゃくを食べたりして時間つぶし。トイレに入ったら、ソファ付きのやたらと豪華なトイレなのでびっくりしました。

まずは、陸羽西線の普通列車で新庄をめざします。車窓からは左手に鳥海山、右手に月山《がっさん》が見えるという、なかなかの風情。山にはかなりの雪が残り、田んぼもまだまだ田植えが始まっていませんでした。

この辺りの田んぼでチェロでも弾いてみたい！　なんちゃって。

新庄では、乗り換え時間が5分くらいしかなく、あわてて看板の松尾芭蕉などの写真を取りました。

ここからの陸羽東線はまたも普通列車。山形～宮城の県境を抜ける山越えの道です。

## 震災の間接的被害に冷え込む湯治場

山を越えると、鳴子峡を経て鳴子温泉駅に到着。東鳴子温泉は、さらにこの隣の「鳴子御殿湯」という駅なのですが、この日は自炊宿に泊まるわけなので、鳴子温泉駅周辺で食糧を調達するために下車しました。

駅の近くの惣菜屋でおにぎりとか、アジフライとか、ふきの煮物なんかのおかずを買い、ビールも買って再び電車で鳴子御殿湯駅をめざしました。

鳴子御殿湯駅は小さいけれど、けっこう新しいきれいな駅です。まるみや旅館さんに行くのは初めてですが、この駅には何度も来ているのでだいたいの場所はわかっています。

旧街道に面した東鳴子温泉のメインストリートには、食堂や郵便局を兼ねた商店もあります。旅館はこの通りの1本裏です。着いてみると、前に泊まったことのある宿のすぐ隣でした。

辺りの湯治場らしい風情が、もう私としてはたまりません。自炊の温泉場らしい、独特の雰囲気がありますす。しかもこの温泉場の多くの宿が、今でも自炊ができる宿としてきっちり営業を続けているというの

車窓からの鳥海山

がすばらしいところです。
まるみや旅館の建物は細長く横につながっており、その向こうに玄関がありました。いかにも長逗留したくなるような、湯治場らしい落ち着いた建物です。古いとは思いますが、かなり手が入っていて、きれいになっています。ご主人は「うちもかなりの〝ボロ宿〟だ」と自慢していましたが、それほどのボロさではありませんでした。

〝きくちゃん〟さんことご主人にお会いするのは初めてなので、どんなようすかと思っていましたが、玄関を入るといきなり出てきて、「やあやあ！ようこそようこそ‼」と、まるで長年の常連客みたいに明るく歓迎してくれました。泣く子も黙る「元湯自炊 まるみや旅館」4代目。いただいた名刺の肩書は「湯守」です。温泉へのこだわりと愛情を感じます。

東鳴子温泉のメインストリート

まるみや旅館の風情ある外観

ファミリー向けの部屋

自炊宿の雰囲気にうっとり

お風呂の場所などの説明を聞きながら2階の部屋へ。床の間やテレビも完備した広いぜいたくな部屋で、かえって申し訳ない気持ちになりました。普通自炊で長く滞在する人は、もっと狭いけれどガス台などがそろった部屋に泊まるそうです。この日の部屋は1~2泊程度のファミリー向けで、あまり自炊宿に慣れていない人でも、気軽に泊まれるようになっています。

とはいえ、この部屋にも冷蔵庫とか食器類が完備されていて、部屋の前には清潔で手入れが行き届いた流し台やガス台もあるので、自炊したいという人にも便利です。調理器具や鍋釜、食器、なんでもそろっています。

ご主人とは初対面にもかかわらず、いきなり各地の温泉の話で盛り上がりました。話の中で私もようやく理解したのですが、湯治宿にもお得意様のエリアがあり、東鳴子温泉は伝統的に三陸《さんりく》方面の漁業関係者が多い温泉場だったそうです。

東日本大震災および津波被害によって、そうした常連客の足が途絶え、連休にもかかわらず空いているということでした。しかも今後の復興事業は否応なしに長期化するわけで、先行きも不透明。結果的に直接的な被害が少なかった東鳴子温泉の宿も、経営が圧迫されているという状況のようです。

ニュースなどで見た限り、鳴子温泉郷では被災者を受け入れていると思っていましたが、一部の大規模施設は受け入れているものの、小規模な自炊宿ではそんな需要もなく、逆に本来の常連客が湯治滞在を遠慮するという、いってみれば悪循環にあるそうです。そんなことになっているとは東京にいては想像もできませんでした。

## ご主人お手製料理を肴に温泉談義

部屋で話していると、きくちゃんさんが「鶏肉は大丈夫ですか?」と聞くので「大丈夫です」と答えると、「トマトは?」「にんにくは?」「ピーマンは?」などと続けざまに聞いてきます。実は夕食に得意料理を一品出してくれるというので、恐縮しながらもごちそうになることにしました。

夕食までのあいだ、まずはお風呂へ。ここのお風呂は自家源泉の男女別の内湯と、赤湯共同源泉の混浴の大浴場があり、いずれも源泉をかけ流しています。まずは混浴の大浴場へ行ってみました。

階段や廊下も、いかにも自炊宿の雰囲気です。私としてはこういう様子を感じられるだけでうれしくなってしまうのですが、階段をおりてすぐにお風呂があり、いつでも何度でも入れるという温泉天国。もう帰りたくなくなりそうでした。

混浴の大浴場はそれほど大きくはないのですが、源泉がこんこんと注がれていて、お肌にやさしい触感。前に泊まった東鳴子の旅館は石油臭のする黒いお湯でしたが、それよりやさしい感じです。

あとで男女別の内湯に何度も入りました

混浴の大浴場

男性風呂

が、こちらは少し濁りがあって、さらにお肌にいい感じがしました。いずれもいくつかの源泉が混合されているようで、なかなか奥深い印象でした。

この日は長期滞在の客を含め、ほかに3人程度しか泊まっていないとかで、基本的にお風呂は独占することができました。すごいぜいたくです。

きくちゃんさんによると、宿泊客を重視するために日帰り入浴を受け付けていないそうで、その意味でも安心してくつろぐことができました。

湯上がりに1階の調理場に夕食の偵察に行くと、きくちゃんさんが何やら調理していて、バジルのいい匂いが漂っていました。奥さんが「今いっしょうけんめい作っていますよぉ」と笑いながらおっしゃるので、2階で楽しみに待っていると、ほどなく、きくちゃんさんがやってきました。

鶏肉のトマト煮込み「カチャトーラ」と漬け物。右のふきの煮物は鳴子温泉で購入

手には「カチャトーラ」なる鶏肉のトマト煮込みを携えています。山の湯治場で、こんなおしゃれな料理を出していただけるとは意外でしたが、きくちゃんさんは自らも各地の自炊宿を回っていて、その時によく作るそうです。

「一番安い肉を買ってきてもおいしくできるので」ということでしたが、本当にいい味が出ています。「味はともかく心を込めて作りました」とあくまで謙遜するきくちゃんさん。本当にすごくおいしかったです。

「ふだんはやらないけれど、今日はお腹にたまるようにパスタを下に敷いてみました」と、見た目も豪華です。

私が鳴子温泉駅前で買った、ふきの煮物や、きくちゃんさんが出してくれた漬け物でビールを飲みました。漬け物もすごくおいしかったので「自家製ですか」と聞くと、「どうかな。わからない」との返事。奥さんが自分で漬けたり、買ってきたりするので、どっちかわからないそうです。

きくちゃんさんは「まだこれから到着するお客さんがいるので、少しだけご一緒させてください」と言っていましたが、途中で抜けたりしながらもかなり遅くまでつきあってくれました。

それにしても、いろいろ旅の話を聞いたり、以前に訪ねた温泉の写真を見せてもらったりする中で、きくちゃんさんはつくづくただ者ではないな、と思いました。各地の有名旅館の経営者はもちろん、いろんな温泉関係のジャーナリストなどとも知り合いらしく、相当顔が広いようです。温泉文化に関わるいろんな活動にも積極的に参加しているような感じでした。

私のブログについても、「おもしろいけれど、〝ボロ宿〟と謳っておきながら東と西の横綱クラスが入っていない」と指摘されました。

その横綱クラスというのはいずれも自炊の湯治宿で、東が福島県・横向《よこむき》温泉の「中《なか》の湯《ゆ》旅館」、西が鹿児島県・川内高城《せんだいたき》温泉の「双葉屋《ふたばや》」だそうです。そのほかにもいろいろ教えてくれたので、酔っぱらってしびれた頭ではありましたが、途中からメモを取りながらまじめに聞きました。

宿周辺を早朝散歩

## 後ろ髪を引かれながら朝9時チェックアウト

初めて会ったのに、こんなにおもしろく楽しく飲んでしまう、なんてことができたのはご主人のへだてのない人柄と、〝温泉好き〟という共通点があったからでしょうか。

きくちゃんさんは温泉に行くにもいろいろこだわりがあり、まず絶対に自炊ができるところ。さらに混浴があるところをターゲットにしてきたそうです。本来の古い温泉文化を大切に思っているということなのでしょう。

私はただ〝ボロ宿〟が好きなだけで、知識も見識もありません。そんな私にとって、なかなかためになる話が多かったです。

途中から日本酒になり、遅くまで引き止めたあげく、午前12時過ぎに解散しました。が、私はせっかくなので何度もお風呂に入ろうと、朝4時に起床。外はもう明るくなってきていました。通りには誰も歩いておらず、素朴で落ちつけるいい雰囲気です。

こういう宿に来てしまうと、1泊で帰るのがいやになります。料金も安いので、今度はぜひとも長く滞在させてもらおうと思いました。

朝食は、きくちゃんさんがチャーハンを作ってくれました。これもすごく味がよくて、「料理なんかほとんどできない」と言っていたのですが、得意料理についてはそうとうこだわってる感じがします。

本来、自炊の宿なのでこんなサービスは受けられないのですが、まるで昔からの知り合いみたいに親切にしてくれて、本当に感激しました。

まるみや旅館はなじみ客に支えられてきた自炊宿ですが、いきなり泊まりに行っても十分楽しめると思います。自炊が面倒だという人でも、近くに商店があるほか、出前なども頼めるので問題はありません。宿の自販機のビールなども定価販売しているので、大量にビールを飲む人も特に準備をしなくてもオーケーです。

しかもこの宿、チェックインは朝10時から、チェックアウトは午後2時までと、滞在可能時間がものすごく長くなっています。例えば昼頃チェックインし、荷物だけ置いて鳴子温泉の共同湯巡りに出かける、なんてこともできるわけです。

「だいたいこの辺の宿のチェックインとかチェックアウトの時間なんて、一応決めてあるだけで、実際は応相談て感じですよ」と言ってました。そういうところも自炊宿の良さかもしれません。

この日も「いくらでもゆっくりしていってください」と言ってくれたのですが、東京に帰らなければならない事情があり、さらにできれば被災地の海岸のようすも見ていきたいと思っていたので朝9時過ぎに出発しました。

最後はご夫婦と息子さんも見送りに出てくれて、小学生くらいの息子さんが「バイバイ、またきてください」と挨拶してくれたのでうれしかったです。「ウルルン滞在記」(例えが古い?)のような気分で宿を後にしました。

さてこのあとは、駅でいろいろ考えたあげく、陸羽東線で小牛田《こごた》まで行き、東北本線に乗り換えて松島《まつしま》まで行ってみました。石巻《いしのまき》や気仙沼《けせんぬま》方面にも行きたかったのですが、時間的に無理とみて、あきらめました。瑞巌寺《ずいがんじ》門前のおみやげ屋さんも被害にあったようでしたが、観光客はそれなりにいました。私としてはなるべく地域の復興に協力したいと、蔵王高原バニラソフトを食べ、銘菓萩《はぎ》の月《つき》を2個買いました。

この時期は、仙台と石巻を結ぶ仙石線《せんせき》が一部しか復旧していなかったので、JRの代行バスで塩釜《しおがま》へ。やはり被害にあって、連休前に再開したという本塩釜駅近くのお寿司屋さんでお昼を食べました。板前さんは多賀城《たがじょう》市に住んでいてクルマが2台流されるなど大変だったそうです。しかも付近には、まだなまなましい爪痕が残っていて、不謹慎かとも思いましたが、支援のためにと昼間っからビールも飲んできました。

その後仙台まで行ってみると、運良く新幹線のチケットが取れたので無事にその日のうちに帰京。もしうまく新幹線に乗れなければ、どこかにもう1泊するしかないかと思っていました。
　まるみや旅館さんのおかげで、震災後の大変な時期にもかかわらず宮城県を回ることができました。本当にその節はありがとうございました。貴重な温泉文化を守ってきた宿。どうかこれからも長く繁盛してほしいと思います。

**酒田　最上屋旅館**
〒998-0044 山形県酒田市中町2丁目2-16
☎ 0234-22-7533

**東鳴子温泉　まるみや旅館**
※現在閉業

# 車窓から見て気になった街道町の商人宿

## 相撲の股割のように脚が開くテーブル

２０１１年５月のゴールデンウィーク直後に、仕事で気仙沼に行く用事がで

街道町の雰囲気

きました。せっかくなので気仙沼で1泊しようと思っていたのですが、市内の宿は満室で取れず、仕方がないので気仙沼から大船渡《おおふなと》線で20〜30分の千厩《せんまや》という町にある宿を予約しました。

気仙沼に泊まれないのは不便ですが、実は千厩は気になっていた場所です。以前、大船渡線に乗ったとき、山の中にもかかわらず千厩や摺沢《すりさわ》の駅前に、妙に人家が多く、古そうな建物があったからです。なぜこういうところに大きな町があるのか、前から不思議に思っていたので、この機会に宿泊できるのは楽しみでした。

ただネットで調べてみると、この辺りも震災後のボランティアの拠点になっているようで、気仙沼とか南三陸、大船渡あたりで働く人が、大勢泊まっているような気配でした。が、千厩の「勢登屋《せとや》旅館」に電話してみると、あっさり素泊まりで頼むことができました。どんな宿かはまったく情報はありませんが、とにかく楽しみです。

気仙沼で仕事を済ませ、夕方6時発の電車に乗って千厩駅に到着。もう辺りは暗くなりかけていました。駅前はこれまで車窓からみたように大きなロータリーになっていますが、実際に営業している店はほとんどありません。かろうじてタクシーは何台かいましたが、旅館は駅からの1本道に沿っているし、そんなに遠くはないだろうと歩き始めました。

すると、この道がどうも古い街道みたいな雰囲気です。昔の宿場だったのかどうかわかりませんが、たぶん古くから栄えてきた交通の要衝みたいな雰囲気です。素泊まりなのでどこかで食事をするつもりで、宿にも到着は遅くなると言ってありました。しかし、どうも飲食店が見当たりません。

ようやく10分くらい歩いたところに中華料理屋を発見。選択の余裕はないとみて、すかさずここに入りました。

中は普通の中華屋さんで、ビールと餃子とラーメンで食事。すごくおいしいシンプル系ラーメンでした。店を出るともう真っ暗で、さらに歩き続けましたがなかなか宿が見つかりません。人通りはまったくなく、たまにクルマが通りかかる程度。根本的に道をまちがえているのではないかと不安になったりしましたが、その可能性は少ないと言い聞かせ、ひたすら歩きました。

そしてついに宿を発見。駅からまっすぐ歩くと15分から20分程度だと思いますが、すごく遠く感じました。外観はそんなにボロくありませんが、寂れたいい雰囲気です。玄関を入って声をかけると、おっちゃんが出てきて2階の部屋に案内してくれました。部屋に荷物を置くや、おっちゃんが「トイレとかお風呂を案内しますから」というので、後をついて室外へ。廊下には明かりもなく、真っ暗。階段の電気は接触が悪いのか、点いたり消えたりしていました。

「この辺りは地震の被害はなかったんですか」と聞くと、「まあ、揺れたけどそんなに大きな被害はなかったよ。

やっと発見した「勢登屋旅館」

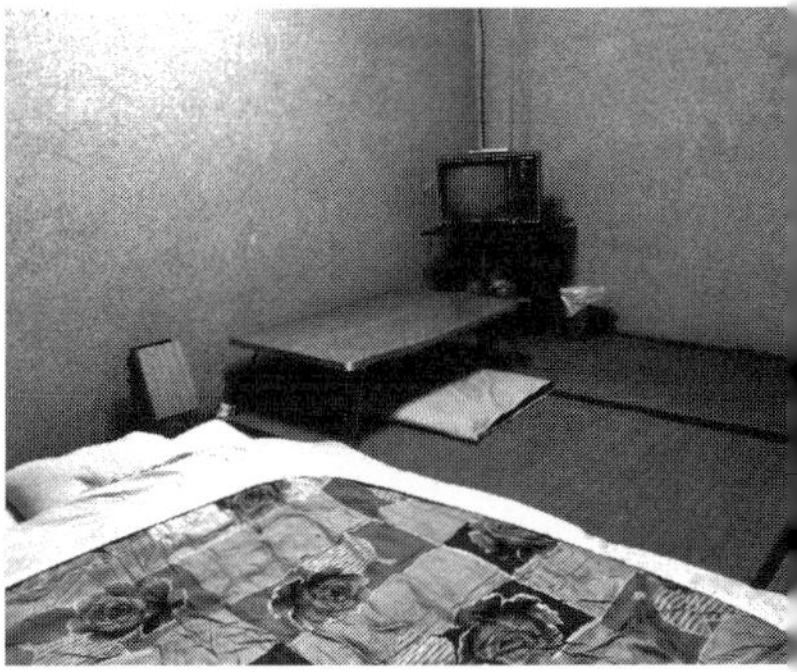

久々の“ボロ宿”（褒め言葉です）

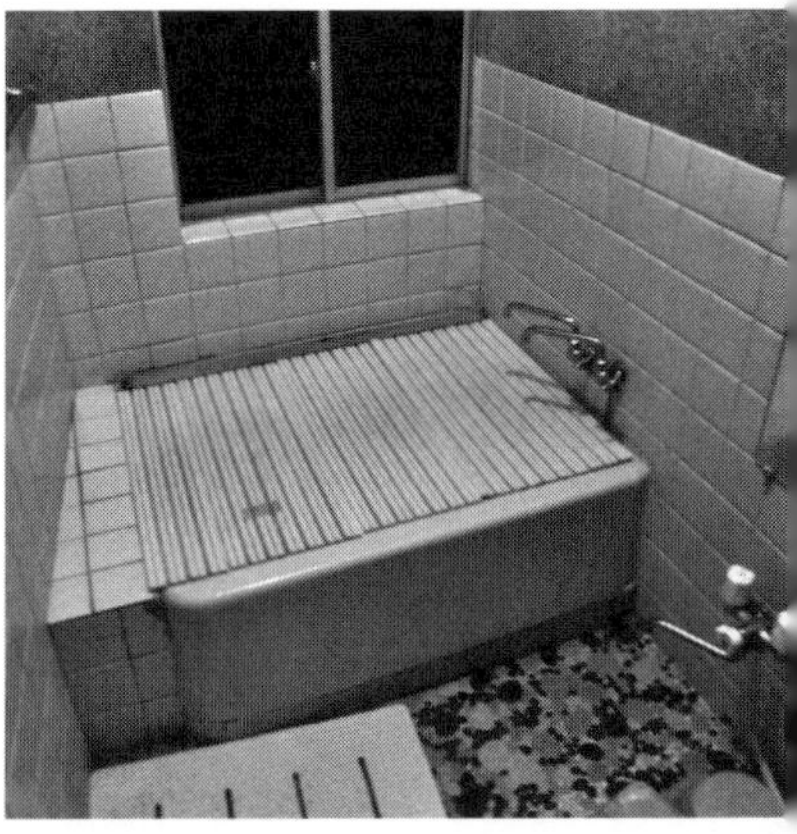

お風呂はお湯も万全

ただこの辺じゃ、古い蔵がずいぶん崩れたね。うちも壁がひび割れたし」。

確かに壁に少し崩れた跡も残っていました。

お風呂は「入りたくなったら、言ってくれればすぐ準備しますから」というので、食事も済ませたのですぐに入りたいと言うと、「じゃあ10分くらいで入れますから、特に呼びには行きませんが入ってください」とのこと。

いったん部屋に戻ってよく見れば、なかなかの部屋です。テーブルにひじをのせて体重をかけ、やれやれと一息ついていたら、テーブルの脚が相撲の股割のように開いてしだいに沈んでいきます。あわてて体を起こしました。

テレビは白黒。そのほかは何の備品もなし。歯ブラシやタオルがないのは予想していたので特に問題はありません。しかしハンガーもないので、スーツをタオルかけにかけるなど苦心しました。

お風呂は普通で、お湯もよく出ました。ほかの客がいないと思ったので、風呂からでがけに開けっ放しでタオルで体を拭いていると、工事のおっちゃんらしき2人がトイレにきて「こんばんは」と挨拶していきました。パンツだけでもはいててよかった。

震災の爪痕はこの宿にも

## 戦後まもなく創業の大ヒット〝ボロ宿〟

宿のご主人の話によると、確か昭和24年と言っていたと思いますが、戦後まもない頃に創業。その後、岩手国体の開催に合わせて大規模な補修をしたそうですが、岩手国体って、いったいいつのことでしょうか。

私としてはすごく気に入ったので、お風呂のあとは部屋でのんびりすごしました。早めにふとんに入ってテレビを見たり、翌日はどうしようかなどと考えているうちに寝てしまったようです。

明け方、驟雨《しゅうう》の音で目が覚めました。雨だとどこに行くにしても面倒だと思いましたが、すぐに上がってくれました。

明るい中でみると、かなり古い宿だということがわかります。廊下の奥に家財道具が置いてあるので、裏のほうは家族の居住スペースになっているのかもしれません。

朝食も頼んでいないので、8時台の電車に乗るため早めに宿を出ることにしました。料金は3千円。出掛けにおっちゃんと話しました。

私「戦後すぐの創業だと、ご主人が始められたんですか」

おっちゃん「いやいや、うちのばあちゃんが始めた。私はまだその頃は子供だった」

私「あっ、失礼しました。そりゃそうですよね。でもこの辺りに、なんでこんなに大きな町があるんですか」

おっちゃん「一関《いちのせき》と気仙沼をつなぐ街道の拠点で、東磐井《ひがしいわい》郡の中心地だったんですよ。昔はタバコの一大産地でね。それと繭《まゆ》だね。通行する人も多かったけど今はバイパスができてしまって」

私「こんないい雰囲気の通りが残ってるなんていいですね」

おっちゃん「子供の頃は本当によかったよ。クルマなんて通らないし、にぎやかな通りだったんだ」

私「知らないで来ると、いきなり大きな町があるんでびっくりしますよね」

おっちゃん「そういえば、つい5月の初めに〝夫婦岩サミット〟がこの千厩であって、全国から人が集まったんだよ。ここから駅に行く道沿いに大きな夫婦岩があるから、見ていくといいですよ」

そんなことを教えてもらい、名残を惜しみつつ宿を出ました。久しぶりの見事な〝ボロ宿〟だったので、うれしくてしょうがありませんでした。

駅まで歩く通りにも、きのうは暗くてわかりませんでしたが、やはり古い風情のある家が多くあります。路地にもつい入ってしまいたくなるような趣があり、のどかな川も流れていました。地元の中学生が「おはようございます」と挨拶をして通り過ぎていきました。私にもあんな純真な頃があったのに……。

途中で夫婦岩も発見。なかなか見事なやつなので驚きました。〝夫婦岩サミット〟なんて、まったく知りませんでした。なんとなくおごそかな感じなので、思わず拝んで、さらに駅に向かって歩きます。

駅前に到着して改めて眺めてみると、ちょっとミスマッチな像と廃業した店舗群が、過去の繁栄を伝えています。

10分くらい前に改札にいくと駅員さんが、「ここのところだいたい遅れますけど、もう入りますか」というので、「入って待ちます」とホームに向かいました。東京までの普通乗車券だけ買ってあったので乗り降りは自由自在。のどかな駅風景です。

気仙沼で宿が取れなかったおかげで、前から気になっていた古い町に寄ることができました。古い街道の雰囲気を残した、本当に趣のある町でした。

**千厩　勢登屋旅館**

〒029-0803 岩手県一関市千厩町千厩25番地
☎ 0191-52-2304

※2013年に玄関や水回りなどをリフォーム

千厩駅前の町並み

# キャラの立ったご主人が切り盛りするアットホームな快適民宿

## 大きなお風呂と最新設備の大規模宿

なぜか秋田県能代市《のしろ》への出張が多く、2012年4月にも仕事で出かけることになりました。

行くたび定休日だったり営業時間外だったりで、いまだ食べられない有名なラーメン店「十八番」に寄るため早めに到着。念願のラーメンを食べることができ、幸せ気分のまま夕方まで街を散策しました。

時間をみて駅前に戻り、宿まで数キロを歩こうかと思っていたのですが、暗くなってきたのでタクシーで行くことに。運転手さんに「民宿水《すい》月《げつ》」というとすぐわかりました。

この宿は、翌日に仕事で行く予定のショッピングセンターに近かったのが選択ポイントで、能代駅からは少し離れていますが、高速道路のインターからほど近い便利な立地にあります。

「民宿」というので小さいところをイメージしていましたが、実際到着してみるとかなり大規模で、私が日頃泊まっている宿と比べると、明る

民宿ながら大規模な「水月」

くさわやかな雰囲気です。

　玄関で声をかけると〝ちょい悪オヤジ〟風のおっちゃんが出てきて、部屋に案内してくれました。

「なんだいタクシーできたのかい。電話してくれたら迎えに行ったのに」

　見た目はちょい悪ですが、根は親切なようです。中に入ると全体的に新しく改築したような感じで、かなりの部屋数がありそうでした。私は入口正面の階段をのぼってすぐの2階の部屋へ通されました。ビジネス旅館風のさっぱりした室内で、新しくて清潔です。

　おっちゃんは秋田弁丸出しで、「これからお風呂をわかすから、ちょっと待ってて。向こうにマンガとか週刊誌もたくさんあるから」といったん去り、私がマンガを探してきて読んでいると、しばらくしておっちゃんが再び登場。「い〜い湯加減だぜい」と笑いながらお風呂を知らせてきました。

　このおっちゃん、キャラが立っていておもしろい人です。いや、おっちゃんと言っても、実は私よりちょっと若い人でした。

　それにしてもお風呂に行って驚きました。温泉でもないのにとてつも

新しく清潔な部屋

お風呂はこの大きさ

なく大きなステンレスの浴槽です。普通の民宿でこんな大きな湯船は初めて見ました。

長期滞在向けに洗濯機なども完備しており、見たところビジネス客の利便性をかなり意識しているようです。こういう大きなお風呂も、ビジネス客にとってはうれしいものです。

お風呂から出て、言われた時間になったので食堂へ行くと、広い部屋におっちゃんがひとり待機していました。食事の用意はテーブル席に4人分くらい出ています。

「どこでも好きに座っていいよ」と言われたのですが、私はこの宿に初めて到着した新顔なので、一番手前の末席に着きました。

夕食のおかずもなかなか豪華で、2食付きで5250円（2012年当時）という宿代を考えると、すごくお得な感じです。私は部屋で飲もうと思って「喜久水《きくすい》」のワンカップを買ってきてあったのですが、いいつまみになりそうなメニューが多かったので、とりあえず生ビールを頼みました。

飲みながらおっちゃんにいろいろ聞くと、ちょうどリーマンショック前の時期に思い切ってリニューアルしたのだそうです。昔から発電所立地地域なのでビジネス客が多いのに加え、白神山地《しらかみさんち》が世界遺産に登録され観光客が増えたのに対応するのが狙いだったそうです。

「建て替えたと思ったらリーマンショックで急にお客が減って、参っちゃうよ」と、おっちゃん。宿の敷地は元々お父さんが商売をしていた場所だそうですが、おっちゃん自身は外でしばらく働いた後、地元に

掃除の行き届いた館内

戻ってこの宿を開業したのだそうです。

それにしてもこのご主人は話題が豊富で、非常におもしろい人でした。バイク好きだそうで、ビンテージバイクを数台所有しているとか。北海道ツーリングの話でも盛り上がりました。第一印象で〝ちょい悪オヤジ〟などと書きましたが、よく見ればお洒落な感じで、なかなかハイセンスです。ヒゲなんかもきちんと整えていて、全体の感じはタレントのぐっさん（山口智充）に似てるかも。

ご主人は「ちょっと前までスキンヘッドだったんだけど、娘がそれじゃ恐すぎるというのでこんな頭にしたんだ」と笑っていました。

## ご主人のキャラにひかれ大酒を飲む

「北海道の山の中でバイクが故障して困ったとき、ネットでバイク屋を探して何とかなったんだ。その時、つくづくこれからはネットの時代だと思ったね。だからこの宿も〝じゃらん〟に登録してあるけど、あの手のやつは手数料がかかるから、なかなか厳しいよ」

おっちゃんは容赦なく秋田弁でしゃべるのですが、私にとってはまったく問題ありません。実は私が青森出身だということを後でバラすと、「東京から来た割には言葉が通じるんで変だと思った」と合点がいったようです。

次第に他のお客さんも集まってきました。最初に来たのはまだ20代くらいの若い男性で、付近の地質調査か何かの仕事で数日滞在しているそうです。次に来た若い男性もやはり何かのビジネス客でした。そのときは仕事内容も詳しく聞いたのですが、酔っぱらって忘れてしまいました。

とにかく4人で話しているとおもしろかったので生ビールをお代わりしたあげく、さらにお酒も頼み、さらにさらにお酒のお代わりも。おかずについていたイカの塩辛がなければ、こんなに飲まなかったのですが……。

ほかの客は缶ビールを1本くらい飲んでいる人もいましたが、たいてい自分でごはんと味噌汁をよそって食べています。

この時に能代市内の話になって「十八番」も話題に上りました。食堂に集まった人々はみんな食べた経験があるようで、やはり外から来た人も一度は行く店のようです。「ちょっと変わっていて好みはあるけど、まあおいしい」というのが総合的な評価でした。

少し遅れて、やや年齢の高いお客も食堂に来ました。私はご主人の話がおもしろくてついつい長居して飲み続けていたわけですが、いい加減にしようとごはんと味噌汁を食べ、部屋に戻りました。もうずいぶん飲んで酔っぱらっているので、すぐに就寝。

翌朝は例によって爽快に目覚め、朝食の時間を待ちました。時間になってまたも食堂に行くと、ほかのお客さんはもっと早立ちだったらしく、食事が済んでいました。

ご主人に「ゆうべはずいぶん飲んでたね。大丈夫かい」と言われました。面目ない。きのう飲んだお酒がおいしかったと言うと、一升瓶を見せてくれました。「能代の安い酒なんだけど、これがけっこううまいんだ」と言ってましたが、「喜久水」だったような気が。

朝食を食べている時に、今日はバイパス沿いのショッピングセンターに行くと話すと、車で送ってくれることになりました。

美味しい朝食

朝食もおかずのほかに手作りのシソのふりかけとか、たくあんとかをすすめてくれて、とにかくアットホームでくつろげます。観光にしてもビジネスにしても、ゆっくり滞在できる雰囲気の宿でした。

おっちゃんは「こういう宿をやっていると、1回泊まったお客がまた来てくれるのが一番うれしい。前に泊まって気に入ってもらったということだから」と言ってました。

確かにそうだと思います。この宿はリピーターも多いことでしょう。改装して設備が新しいということもありますが、ご主人のキャラクターが客を呼ぶような気がします。

出がけに若い女性とすれ違ったら「ありがとうございました」と声をかけられました。娘さんなのか、まさか奥さん？　正体はわかりませんでしたが、お美しい方でした。

車で送ってもらう途中「もしかしたらブログで宿のことを書かせてもらうかもしれません」と一応ことわってみました。

ご主人「ブログだったら、どんどん書いてくれ。全然かまわないよ」

私「いや、実はちょっと問題があるんです」

ご主人「何が。辛口なのかい？」

私「いや、ブログのタイトルが〝ボロ宿紀行〟なんです」

ご主人「ボロ宿かぁ。なるべくいい宿だったと書いといてくれよ」

私「もちろんです」

そんな感じでショッピングセンターに到着し、お礼を言って別れました。

**能代市　民宿水月**

〒016-0171 秋田県能代市河戸川字下大須賀145-12
☎0185-52-2753

第十一章

# 北関東で見つけた貴重宿に泊まる旅

2年越しに泊まれた「山崎屋」

# 寄居から秩父へ紅葉まつりを見に

## 明治8年創業の歴史的宿に逗留

以前、埼玉の寄居《よりい》に行った時、町を歩いていて発見した「山崎屋《やまざきや》旅館」に、ようやく泊まることができたのは2011年11月のことです。

1階は食堂を兼業

東京からは近いので、泊まる機会はないと思っていたのですが、秩父《ちちぶ》三峯《みつみね》神社の「紅葉まつり」を見に行くついでに泊まってみることにしました。

秩父にもいろいろいい宿や温泉もあるのですが、今回は寄居に1泊し、翌日、秩父の民宿に泊まる予定を立てました。

当日は、早めに行って長瀞《ながとろ》なんかを改めて見物し、それから寄居に戻って泊まろうと思っていたのですが、仕事が終わらずいつしか時間はお昼を過ぎ、夕方に。もうこの日のうちに到着するのがやっとという時間になってしまいました。

当初は池袋《いけぶくろ》から東武東上線《とうぶとうじょう》経由で行くつもりだったのですが、少しは早いかと熊谷《くまがや》まで新幹線で行き、秩父鉄道に乗り換え寄居に行くルートを取りました。もう熊谷駅に着いた時点で日が落ちかけ、寄居に到着した時はすっかり暗くなっていました。

家を出る前に宿に電話して「予定より到着が遅くなる」と言ったのですが、電話に出たおっちゃんは「大丈夫、大丈夫」とまったく意に介していないようす。この日は素泊まりだったので食事の問題がなかったせいもありますが、なんとなく、到着時間なんか最初から気にしていないような感じでした。

すでに場所はわかっているので、寄居駅からまっすぐ宿へ。いよいよあこがれの宿に泊まることになります。玄関のガラス戸を開けて中に入ると、おっちゃんが出てきて部屋に案内してくれました。

建物がどういう構造になっているのかわかりませんが、思ったより奥行きが深く、廊下の途中にトイレやお風呂がありました。1階で兼業している食堂には、数人の客がいました。

通された部屋は2階の一番奥。この宿は明治8年創業とのことで、なかなか雰囲気のある部屋です。

おっちゃんが「今風呂は使っているけど、すぐ空くから空いたら呼びにきますよ」というので、「できたら先に食事に出て、それからお風呂に入りたい」というと、「ああ、いいですよ」との返事。

こういう宿は決まった時間にお風呂に入れといわれることが多いので、「いつでも入れるんですか」と聞いてみると、おっちゃんは「そりゃあ、いつでも入れるよ。朝でも夜でも、夜中の2時でも3時でも4時でも。別に一緒に入ろうってわけじゃないんだから、好きな時間に入るといいよ」と笑っていました。

## 必要以上に客をかまわない気楽な宿

夜の寄居の町に出て、飲食店を探すことにしました。この宿も食堂をやっているのですが、そこで食べるのも芸がないし、駅前に和食のファミレス「華屋与兵衛《はなやよへい》」があることも知っていましたが、仮にも旅先でチェーン店に入ってもしょうがありません。散歩がてら夜の寄居の町を歩いてみることにしました。

前に来た時、駅近くの路地で飲食店を何軒か見かけたのですが、新たな店は見つけられず、路地奥にあるラーメン屋に入ることに。確か「横浜屋」とかいう店名で、冷やし中華ののぼりが出ていました。

入ってみると、何となく雰囲気がラーメン屋というよりスナックみたいな感じです。出てきた若い女将さんに「食事できますか」と聞いたら「できます、できます」というので、生ビールを注文し、メニューをチェック。「大人のラーメン」は、ラー油がきいた辛口ラーメンだそうで、そのほかいろんな変わったラーメンがあって、けっこうメニューに凝るタイプの店だということがわかりました。

女将さんというかママというか、そんな感じの女性に、それぞれ「このラーメンはどんなやつですか」と聞くと、ていねいに教えてくれます。ビールと野菜炒めの後に、半ラーメンを頼んでみました。オーソドックスな醤油ラーメンで、化学調味料の味がしない自然派です。私は化学調味料が効いていないとおいしいと思えないほうなのですが、ここはけっこう気合を入れてダシをとっているようで、おいしく感じました。

徐々に常連らしきおっちゃんが

階段もかなりの年季

布団の敷き方はかなりゆるい

来て飲み始めたので、適当に店を後にしました。この店はラーメン屋でもあるけれど、主に飲み屋として地域に親しまれているのだと思います。

駅前を通って来た道を宿へ。駅前も薄暗く、あまり人通りはありません。

宿に戻ってさっそくお風呂に行きました。思ったより広い近代的な浴槽で、なかなか快適でした。浴室自体はかなり古いもののようで、天井の感じからすると、かなりの年代ものかもしれません。

部屋に戻ると、地デジがスタートしたせいなのか、薄型テレビも完備。トイレにはウォシュレットも付いていました。

玄関といい廊下といい片づかないユルイ感じの宿なのですが、要所要所に近代設備が導入されており、古い宿にありがちな不便はあまり感じませんでした。

ほかに宿泊客もいないようだったので、隣のふすまも開けてみました。隣の部屋と比べると、私が通されたのは角部屋のうえ、掛け軸や置物なんかもあるなかなかいい部屋のようです。

この日は部屋で少しテレビを見て、翌日の山歩きに備えて早寝しました。

翌朝起きてみると天気は曇りでした。雨の予報もあったので、降ってないだけましです。

改めて旅館を探検。階段なんかは相当古そうですが、大正期に改修して、創業当時からの建物ではないとのこと。それでも期待していた以上に古い宿で、私としてはすっかり気に入りました。こういう宿は本当に貴重なので、長く営業を続けてほしいと思います。

早めに出発しようとすると、おっちゃんは見当たらず、食堂の厨房にいた女将さんが対応してくれました。素泊まりだったせいか、ほとんど野放し状態でしたが、なかなか快適な宿でした。必要以上に客をかまわないというのもある意味気楽に感じます。

今度は奥の部屋ではなく、通りに面した側の部屋に泊まってみたい気がします。通りに面した本館は奥の部屋とは別棟になっているらしく、階段も別にあります。この通りは古くに栄えた街道筋の雰囲気があり、往年の繁栄時代に訪ねてみたい妄想をかきたてられました。

## 明治時代の商人宿を改造した無料休憩所でほっこり

この日は寄居を朝早く出て、とりあえず長瀞に寄りました。6月にも来たばかりなので感慨はありませんが、やはり川沿いまで行ってみました。

前に来た時も、この近くのおみやげ屋だかお菓子屋だかの主人が川原で観光案内をしていたのですが、今回もいました。かなりしゃべり慣れた、くだけた口調なのですが、話がなかなかおもしろいです。

岩畳の上で話を聞いていると、東日本大震災の時、周辺の町は震度5以上の揺れがあったのに、この長瀞は震度3程度だったという。それはこの辺りの土壌が岩畳のような岩盤になっているかららしく、地震には強いかわり長らく農業には向かない貧しい土地柄だったそうな。

再び秩父鉄道に乗って秩父駅へ。秩父駅は大きな駅でした。ＡＴＭでお金をおろしたいと思っていて、コンビニくらいあるかなあと心配していたのですが、銀行なんかいくらでもあります。

この日は、最終的に三峰口駅からバスで三峯神社まで行って紅葉を見学し、

秩父の名所・長瀞

その後、再び下界に降りてきて大滝《おおたき》の民宿に泊まる予定です。しかし、よく調べてみると、秩父鉄道秩父駅近くに西武秩父駅があり、ここからもバスが出ているようなので、そこまで歩くことにしました。どうせ秩父市内を見学するわけですから、その散歩ついでに西武秩父駅まで歩こうという計画です。この作戦だと、秩父から三峰口までの電車賃も節約できます。

そういうわけで、まずは秩父駅に近い武甲《ぶこう》酒造へ向かいました。この辺りの銘酒として知られる「武甲正宗《まさむね》」を作っている酒造メーカーで、古い店構えを見学したいと思ったからです。

歩いてすぐに「武甲正宗」の看板が見えてきました。酒蔵見学には予約が必要なようでしたが、「奥の井戸なんかは自由に見学していいですよ」というので、奥まで入らせてもらいました

そこここに古い酒蔵特有の雰囲気が漂っています。場合によっては宿で飲んでもいいなと、お酒の小瓶を買いました。

次に「ほっとすぽっと秩父館」へ。古い商人宿を改装した観光案内所で、秩父に来るなら寄りたいと思っていた目的地のひとつです。ここも思ったより近くてすぐに見つかりました。

外観はまさに商人宿そのものです。だいぶ手を入れたらしくきれいになっていますが、雰囲気は江戸時代の『秩父往還（秩父大宮《おおみや》から荒川《あらかわ》渓谷沿いに甲府《こうふ》に至る街道のこと）』の気分を伝えています。明治初期に建てられた旅館「秩父館」を借り受けた地元の商店会が、昔の姿を残したまま改装し、売店や休憩所、喫茶、軽食コーナーなどがそろった観光拠点として使っているのです。

とりあえず中に入ると、1階は無料休憩スペースになっていました。上に上がろうとすると、スタッフの奥さんがいろいろ説明をしてくれました。「2階の広間をぜひ見ていってください」というので早速上がらせてもらうと、現在は集会などにも使えるように襖を取り払って広間になっていますが、窓の庇《ひさし》など

を見るとまさに商人宿。明治12年に建てられたというので、そんな時代にここから秩父往還を眺めてみたかったと思わずにはいられません。宿泊させてくれるなら絶対に泊まりたいと思いました。

　それにしても、町のそこここに「あの日見た花の名前を僕達はまだ知らない。」というDVDのポスターが貼ってあります。私は疎いのですが、アニメの舞台として有名なのでしょうか。

　館内の囲炉裏のそばに井戸がありました。これも商人宿時代からの内井戸で、最近はパワースポットとして有名だそうです。

　こういう建物を、どんなかたちにせよ残していこうとする努力は敬服に値します。放っておけばどんどんなくなってしまうからです。本当はガラス戸なども使わないでほしいのですが、とにかく建物の古い構造を生かして現代の用途に活用していることに価値があると思います。

　名残を惜しみつつ外に出ると、やはり街道沿いには渋い雰囲気が残っています。古いそば屋もあり、うどん屋もありました。「あの花」グッズを売る店も。「ほっとすぽっと秩父館」の奥さんに聞いたところ、西武秩父駅に行くには、「矢尾《やお》百貨店」の角を左に曲がれ、ということでした。

　歩いていると寺で何かイベントをやっていました。秩父も札所巡《ふだしょめぐ》りで有名なので、この寺もそのひとつとして有名みたいです。いったい何の儀式でしょうか。子供も大勢参加していました。

　さらに歩いて坂を上がると西武秩父駅に到着。この駅は池袋直行の特急が往復していて、前にも来たことがあります。ちょうど広場で地元の太鼓演奏

心躍る街道

のイベントが行われていました。由来はわかりませんが、しばし聞き入りました。

秩父仲見世通りでお昼を食べることにしました。入ったのは秩父そばの「武蔵屋《むさしや》」。観光地にある普通の蕎麦屋という感じでしたが、やはり季節柄か、蕎麦はおいしかったです。

## 大きな神棚と勲六等瑞宝章のある広間で夕食

西武秩父駅からは、バスで紅葉まつりのイベント会場である三峯神社を目指しました。秩父鉄道沿線から見える山々は、まだほとんど紅葉していなかったので、たぶん時期的には少し早かったのでしょう。

バスは1時間くらいかけて三峯神社までの山道を登っていきます。乗ってみてわかったのですが、このバスは特急バスで、途中の停留所には停まりませんが、秩父湖から三峯神社までの区間は自由乗降できます。

細かいことがよくわからないまま、とにかく三峯神社へ。もう夕方になっていたので、紅葉まつりの露店なども撤収を始めていました。オープニングイベントのゲストとして〝おぼんこぼん〟が来ていたはずですが、当然もういません。残念。

バスの運転手さんに聞いたところ、帰りのバスも特急で、「ここから出るバスはみんな特急なので特定のバス停にしか停まらない」とのことです。

そうなると、泊まる予定の「民宿みたけ」がある落合《おちあい》停留所にも停まり

山道を三峯神社へ

ません。こんな奥秩父の山の中で、歩いて宿を探すことができるのかどうか。ただ、落合集落の近くの大滝温泉には停まるので、そこから歩くのが一番近いようです。

どれくらい歩くことになるのかよくわからないので、早めに山を降りることにしました。三峯神社参拝も中止。一応鳥居の前まで行って、アリバイのために写真だけは撮りました。

紅葉にはまだ早いのは明らかですが、一部は色づいていました。しかしこの辺の紅葉は自然の植生というより、紅葉まつりのためにあえて植えたような感じもします。たぶん最盛期はすごくきれいなのでしょう。夕方ですがまだ観光客もけっこういて、おみやげ屋さんもやっていました。

民宿「みたけ」

こたつがありがたい

最終よりひとつ早いバスに乗車し、大滝《おおたき》温泉で下車。入浴施設が併設された道の駅がありますが、前にバイクで来たので今回はパス。宿までどれくらい歩くことになるのかわからないので、それどころではありません。

そうは言っても、秩父湖から三峰口《みつみねぐち》駅の間は旧大滝村の中心市街地に当たるので、それなりに人家もあります。いくつか小さな集落があって民宿などもち

客室は襖を開け放つと大広間に

清潔で新しいお風呂

らほら。なのに人通りはまったくありません。

　大滝温泉から歩き始めると、意外なことに10分くらいで落合バス停を発見。思ったよりも近く、すぐに「民宿みたけ」も見つかりました。これで一安心です。辺りはまだそんなに暗くなっていません。

　驚いたことに宿には、名前入りの歓迎ビラが出ていました。この辺は秩父御岳山の登山口に当たり、登山やハイキング客が多いようです。

　声をかけるとご主人らしきおっちゃんが出てきて、すぐに2階の部屋に案内してくれました。こぢんまりとしていますが清潔な感じの部屋です。最近冷えこんだせいか、こたつが出ていました。

　内装は一見、そんなに古く感じないのですが、基本構造自体はけっこう古いようです。しかしいろいろ手が入っているらしく、全体的にはきれいな感じです。見た目よりかなり大きな建物で部屋数もたくさんありました。

おっちゃん「お風呂は温泉になっていて、もういつでも入れますから」

私「温泉ですか。それはいいですね」

おっちゃん「夕食は下の食堂に用意します。準備できたら呼びにきますから。明日の朝食は何時くらいがいいですか?」

私「別に何時でもいいですけど、じゃあ8時くらいでお願いします」

おっちゃん「できたら、もう少し早く食べてもらうと助かるんだけど」

私「いいですよ。7時半にしますか」

おっちゃん「すみませんがそうしてもらえますか。実は明日葬式があって、8時には出なくちゃならないんで。8時過ぎると食事の用意できる人間がいなくなっちゃうんですよ」

葬式などというものは急に入るわけですから、予約時には予定もしていなかったことでしょう。ご主人は恐縮しつつ去っていきました。

さっそくお風呂に行ってみると、けっこう近代的な大きめの湯船でした。浴室は2カ所あり、この日はほかに客がいないのでひとつだけ使っているようでした。

お風呂から出ても、食事前に少し時間があったので外に出てみました。缶コーヒーでも買おうと思っていたのですが、商店らしき廃墟はあるものの、自販機ひとつみつかりません。

最初は山のほうをめざしたのですが、神社や公民館みたいなのがあるだけだったのでUターンし、山をくだることに。結局バスを降りた大滝温泉の道の駅まで歩いて自販機を発見。ここでお茶とか缶コーヒーを買って宿にもどりました。もう付近はまっ暗で、この道の駅付近の明かりだけが目立ちます。

部屋に戻ってすぐ、おっちゃんが夕食ができたと呼びにきました。

1階の広間には、やはりこたつが出してあって夕食の準備が整ってます。この日は使っていませんでしたが囲炉裏もある快適な居間で、大きな神棚もありました。見れば、先代か先々代がもらったと思われる勲六等瑞宝章《くんろくとうずいほうしょう》の授与状も飾ってあります。なかなかえらい人がいたようです。

食事はボリューム感いっぱい。登山客向けなのか、炭水化物やたんぱく質があり余る内容でした。特にうどんは小麦の素朴な味がしっかりして、スーパーで売っているのとはだいぶ違っておいしかったです。川魚も焼きたてでした。

この宿は2食付きで5千円くらいだったと思いますが、すごく良心的です。こんな値段でもうけは出るのでしょうか。心配になるくらいです。

この日、部屋では秩父で買った武甲正宗は飲まずに、持ち込んだバーボンを飲んで寝てしまいました。

## 礼服でバチッとキメたご主人が葬式へ

翌朝は時間より少し早めにおっちゃんが朝食の準備ができたと呼びにきました。山の中なのに鯵のひらきがすごくおいしいやつでした。

おっちゃんは8時に葬式に向かわなくてはいけないので、とっとと朝食を食べ、精算も済ませました。

おっちゃんは「食事さえ済ませてもらえれば、留守番にばあさんもいるから、精算は出る時でいい」と言っていたのですが、ついでなので朝食後に済ませました。

定番ながら大満足の朝食

入り口付近でうろうろしていると、どこかの親戚のおっちゃんらしき人が出てきて「これはつまらんもんだけど」とタオルをくれました。

部屋に戻ってしばらく休憩していると、礼服でバチッとキメたおっちゃんがやってきて「すまんことですが、それではこれからでかけますのでよろしく」と去って行きました。

こういう小さな集落では葬式ともあれば一大重要行事でありましょう。偶然のこととはいえ、間の悪い時に泊まってしまいました。

食堂には大きな神棚が

9時頃になって、そろそろ出ようかなと思って荷物をまとめ下へ。精算は済んでいるのですが〝ばあさん〟がいるはずなので声をかけましたが、誰も出てきません。ふと、玄関そばの厨房をのぞくと〝ばあさん〟がいたので、でかい声で「お世話になりました」と言うと、ようやく気づいて出てきました。
「ずいぶん立派な家ですね。だいぶ長く宿をやってるんですか」と声をかけましたが、少し耳が遠いようです。大きな声で聞くと「立派だなんてことはないよ。古い家だから」とばあちゃん。「神棚なんてすごく大きくて立派ですね」という私にばあちゃんは「神様のことを言ってくれてありがとうね」と握手を求めてきました。
「うちはそこらの畑で百姓もやっているから、ふだんなら何かあるんだけど、今日は何もあげるものがなくて」と、おろおろ周りを探してる雰囲気です。私が「さっきタオルをもらいましたから」と言っても、「ふだんなら何かあるんだけど、今日は誰もいなくてね。すまないね。それにしてもいろんなところに遊びに行くのはいいことだね。本当にうらやましいね。私も昔はじいさんと日本全国まわったもんだけどね。だいたい、私は九州の生まれだから」などと、耳に口を近づけながらでかい声で話しました。

ばあさんは、どうしても野菜を持たせたかったらしく、ずっときょろきょろ探していましたが、こういうところで大きな野菜をもらうと、持ち帰るのが大変なので適当にお暇《いとま》してきました。東京に近いとはいえ、山の中に住む人は本当に純朴で気分がいいです。

宿を出てすぐ隣に普寛《ふかん》神社というのがあったので寄ってみました。普寛という御方は木曽《きそ》の御嶽山の大滝口を開いたえらい上人《しょうにん》で、秩父御岳山《みたけさん》はそれにちなんだ名を付けられたもののようです。いろいろ由来が書いてあり、像もありました。この落合の出身であるようです。

この辺に木曽御嶽山の講もあったそうで、現在はどうなっているのかわかりませんが、やはり山岳信仰が根強く残っているのではないでしょうか。

そのまま再び大滝温泉の道の駅まで歩き、少し地元産品の売店などを冷やかし、山くるみを買ってみました。バスで今度は三峰口駅へ。かなり渋い駅です。

この日も天気はいまいちなのでまっすぐ東京に帰ることにして、秩父鉄道で御花畑《おはなばたけ》駅へ。この駅には立ち食いそば屋が2軒もあってそそられたのですが、おなかがすいていなくて食べられませんでした。

御花畑駅から西武秩父駅まで歩き、特急で池袋まで帰りました。結局紅葉狩りが目的だった秩父の旅も時期が早く残念でした。しかし素朴な民宿に泊まることができたので何よりです。

**寄居　山崎屋旅館**

※現在閉業

**秩父　民宿みたけ**

〒369-1901　埼玉県秩父市大滝940
☎0494-55-0048

## 第十二章

# 熱海から小田原へ昭和レトロを求めて

熱海駅前のにぎやかなモール商店街

# 近くて遠い温泉街に泊まる

## 豪華でも凝った造りでもないけれど安らぐ空間

ブログ本の第2弾を出版するに当たっていくつか新ネタを仕入れたいと思い、行先を検討していると、編集担当者がそんなに遠出をしなくても魅惑の宿がありそうだと資料を送ってきました。それをもとに計画したのが、熱海《あたみ》から小田原《おだわら》への2泊の旅です。

考えてみればあまりにも東京に近いせいか、どちらの街にも泊まったことがありません。熱海もだいぶ前に少し観光して『金色夜叉《こんじきやしゃ》』の貫一お宮の像とか、熱海城の秘宝館などにも行ったことはあるのですが、宿泊となると今回が初めてです。

熱海といえば温泉と同時に妖しそうな歓楽街のイメージもあり、実際に歓楽する予算はないものの、見るだけでも見てみたいという気持ちです。

2012年10月。いつも旅行とはいっても仕事がらみのことが多いのですが、今回は近いしのんびりしたもので、お昼ごろ出発。東京駅から東海道《とうかいどう》線の通勤快速に乗り込みました。

熱海駅で降りるのは久しぶりのはずですが、いつも新幹線で通る時に駅前が見えるので、ご無沙汰という感じもしません。

のちに駅ビルが完成し、再開発によって大きく変わった熱海ですが、当時は駅周辺は工事中で、少し裏

魅惑の「福島屋旅館」

通りに面した部屋

道に入ると渋い飲食店街がけっこう広がっていました。

予約した宿は素泊まりで、駅から少し歩いた熱海銀座《ぎんざ》付近にあります。そこでまずお昼を食べようと、例によってラーメン屋を探しました。すぐにカウンターだけの良さそうな店があったので、入ってチャーシューメンを注文。かなりおいしいと思いましたが、チャーシューが多すぎました。

この日の計画は早めに宿に入って荷物を置き、あとはゆっくり熱海市内を散策。夕食も食べて、遅くなってから宿に戻るという作戦でした。

歩いているとなかなか良さそうな渋い宿もあります。熱海というと団体向けの豪華巨大ホテルをイメージしますが、やはりよくみるといろんなタイプの宿があるのがわかります。昔とは時代も変わり、宿のあり方も変わっているのでしょう。

東銀座というバス停を越え、コーナーを回った坂道の中腹に「福島屋旅館《ふくしまや》」がありました。昭和レトロの宿として熱海でも有名で、ウェブにもいろんな情報があります。テレビや雑誌などでも紹介されたことがあるらしく、今さらここで紹介することもないのかもしれませんが、私としてはぜひ泊まってみたいと思った宿でした。

午後3時過ぎに宿に入ると、いかにも昔の旅館という感じで、玄関まわりの雰囲気もなかなかの渋さです。左手に帳場があり、若い男性がすぐに出てきて、「階段を上にあがってください」と言います。勝手に上がるの？　と思ったら、上に女将さんがいるそうです。

そこへ女将さんが階段を降りてきて、そのまま部屋に案内してくれました。道路に面した角部屋で、昭和のテイストを感じさせるいい雰囲気です。別に豪華でも凝った造りでもないけれど、安らぎを感じる空間です。温泉はあるし、冬場の寒い時期に1週間くらいぐうたら過ごしてみたいもんです。

お茶の準備もしてありましたが、女将さんが冷たいお茶をグラスに入れて持ってきてくれました。10月に入ってはいましたが暑い日でしたので、これはありがたい。

「すぐ外出して、お風呂は帰ってから入ります」と言うと、「玄関はかなり遅くまで開けておきますからごゆっくり」とのこと。

出がけに改めて宿の内部を見ると、そんなに大きな規模の建物ではありませんが、構造が複雑で、階段が入り組んでいます。お風呂があるはずの階段を降りてみると、踊り場の欄間のようなすき間から玄関が見えます。まるで忍者屋敷のようです。

こういう構造は、昔の遊廓タイプの宿でも見たことがあり、おそらく大工さんの遊び心なのでしょう。

ついでに隣の部屋もちらっと見学してみると、こちらは角部屋でなく変形間取りのようで、なぜか風情を感じます。坂道のコーナーに建てられた建物なので、こんな間取りができたのでしょうか。

踊り場の欄間の隙から玄関が覗ける

# 満月に近い月を見ながら缶ビールでくつろぐ

宿は駅からは少し歩きますが、中心街には大変近く、坂を少し降りるとすぐに昔からの繁華街、熱海銀座通りに出ました。

ロマンス座とかピンクショーとか、なかなか魅惑的な看板がありますが、実際のところ営業しているのかどうか定かではありません。まだ時間も早いですし、夜になるとまた違うかもしれませんが、全体的に人通りも少なく、ちょっと寂しい感じです。そのまま海岸方面に歩き、昔に見た貫一お宮の像を探してみることにしました。

途中にも数多くの飲食店があり、古そうな店もありますが新しい店もあります。路地ごとに「〇〇通り」とか「〇〇ストリート」とか看板が出ていて、それなりに賑やかそうです。人口5万人かそこらの街で、こんなに飲食店がやっていけるというのも、日本有数の観光地だからでしょう。さすが熱海です。ほどなく海が見えてきて、遠くの丘に熱海城も見えます。が、期待とは異なり、周囲からはいかがわしい雰囲気は窺《うかが》えず、ハーバー風の健康的な散策スポットになっているようです。ぜんぜん怪しさはありません。

歩いているうちに暗くなってきましたが、とにかく貫一お宮を探します。

だいぶ歩いて、「お宮の松」を発見。そしてその隣に像がありましたが、もう暗くなりかけていて、逆光のためほとんど写真に撮れませんでした。

日があるせいかまだ開いておらず

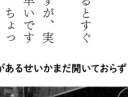

貫一お宮の像を見つけて気が済んだので、あとは食事ができる店を探すだけ。と、もういくらでもあります。赤ちょうちんやネオンサインが、暗くなった途端にやたら目につくようになりました。しかし遅く食べたチャーシューメンのせいか、そんなに大層なものを食べる気力がありません。

だいぶ歩き回ったあげく、コンビニでお酒とおにぎりを買って部屋に戻り、お風呂に入ってから飲むことにしました。安く上がります。

宿の近くに「湯前《ゆぜん》神社」があり、提灯でライトアップされていました。この辺には間欠泉や日本最初の公衆電話ボックスなどがあり、なかなかおもしろいと思いますが、もうすっかり暗くなってよくわかりません。

昭和の銭湯のように大きな脱衣所

　だいぶ歩いてようやく宿に戻りました。

　玄関を入ると女将さんのほかにご主人らしき人がいて、私のコンビニ袋を見て、「グラスが必要ならお貸しします」と言ってくれたのですが、缶ビールとワンカップのお酒なのでそれは辞退して、まずは熱海では珍しい源泉掛け流しのお風呂へ。

　風呂場は古い雰囲気の脱衣所が印象的です。宿泊客以外にも銭湯的にお風呂を開放しているので、湯船もかなりの大きさがありました。

　ゆっくりお湯に浸かり、部屋に戻ってビールをグビッ。道路に面した窓から景色を眺めると、遠くにライトアップされた熱海城が見えます。満月に近い月が明るく照らし、時々黒い雲が通りすぎて行きます。

　そんな様子を見ながらひとりでビールを飲み、コンビニおにぎりを食べていると、すごく満たされた気分になるのは私だけでしょうか。そのうち眠くなり、布団を敷いて横になっているうち寝てしまいました。

しかし潜在意識の中で飲まなかったお酒が気になっていたのでしょうか。夜中の2時頃に目が覚め、再び酒飲み開始。廊下の冷蔵庫に入れておいたワンカップを取り出しました。月はもう見えません。

2食付きだと、こんな時間に飲むわけにもいきませんが、素泊まりなので朝食もなく、安心して飲むことができます。

買ったお酒を全部飲んだので、安心してまた眠ってしまいました。

## 明治時代の絵地図に名を刻む宿

今日は小田原に泊まります。あまりにも近いので、チェックインまでをどう過ごすかを考えなければなりません。

グズグズしているわけにもいかないので、朝9時くらいに下に降りて会計をお願いしました。女将さんにこの宿がいつ頃からやっているのかを聞いてみると、「そのあたりのことだと主人が詳しいので」ということで呼んでくれました。

このご主人が、自家のことながらすごく詳しい人で、いろんな話を聞くことができました。話しているうちに本に載せたいと言うと、「ボロ宿紀行」のブログを見ている、というのでびっくりしました。予約の名前を見た時から、そうではないかとにらんでいたそうです。

「大変失礼なタイトルで申し訳ありません」と謝ると、「いや、〝ボロ宿〟とはいっても、愛情が感じられるし、まじめに扱ってくれているから大丈夫ですよ」と言ってくれました。何よりのことばです。

ご主人によると、この家は昔から宿屋をやっていたわけでなく、いろんな商売をしてきた歴史があるそうで、お寺の過去帳を見ると、この地で16代か17代くらいまでさかのぼることができるとのこと。

「その前は甲州《こうしゅう》から来たと聞いているのですが、判然としません」

明治時代に発行された「豆州《ずしゅう》熱海全図」という絵地図にも載っているそうですが、現在、そのまま同じ名前で残っている家は福島屋旅館を合わせて2軒しかないのだとか。ただし、明治の頃の古い木造3階建ては昭和19年の大火で焼けてしまい、現在の建物はその後に再建されたものだそう。歴史の割に昭和レトロ風の風情があったのはそのためで、この雰囲気が気に入ってかなりのリピーターもいるようです。

現在は再開発が成功し、若者や海外からの観光客人気も集めていますが、当時は熱海自体の景気が良くなく、全般的に沈滞気味。港付近のスナックなども、ママの高齢化が進んで廃業する店が多く、熱海銀座も古くからの店が閉じ、最近はサラ金などの金融機関ばかりが出店しており、どうしても夜は寂しい感じになってしまうとの話でした。

確かに高度経済成長期に熱海の繁栄を支えてきた人たちは、今は高齢に達しているでしょう。観光業自体も、熱海全盛期から海外旅行全盛期へと時代をくぐり抜け、水商売の浮き沈みも激しいものがあったはず。

「昔は熱海というと高いとか、良くないイメージもありましたが、今はそんなこともないですから。いろんな宿がありますけど、うちのような古い宿は珍しくなりました」とご主人。

私が「こういう客商売は大変でしょう」と尋ねると、「子どもの頃からこの家で育っているので、別に大変だとは感じません。家族が食べていくだけなら問題ありませんしね。ただ人を雇ったりすると大変になりますよね」とか。

熱海のような大きな観光地に、こうした素朴な宿が残っていること自体、非常に貴重なこと。すでに多くのファンがいるようですし、ご主人もまだ若いので、これからも長く続けてくれるといいなと思います。

## 小田原城で遊んで寿司をたいらげる

熱海から小田原へは新幹線でひと駅、普通電車に乗ってもすぐの距離です。この日は小田原の「日乃出《ひので》旅館」に泊まります。素泊まりです。

実は少し前にも小田原に来ており、駅前を歩きラーメンも食べています。この日もまた朝からラーメンを食べてやろうと駅ナカのフードコートに行きました。いろんな麺屋さんがありますが、ラーメン屋は一軒だけ。よく知らない店でしたが、マイルドな味でなかなかおいしかったです。

さて、ラーメンを食べ終わったところで何をしようか？　小田原は歴史もあり、おもしろそうなところがありそうなのでじっくり散策といきたいところですが、わかりやすく小田原城を見学することにしました。

私は城見学が好きでよく行きますが、再建天守にはさほど興味を感じません。とはいえ小田原城といえば天下の名城です。再建でも一応は見ておきたい。駅からも近そうなので、まずはお城方面に向けて歩き始めました。

ほどなくお堀が見えてきました。本来の小田原城はもっと大きい範囲だったわけですが、現在残っているのはその一部でしょう。

城域に入るとすぐに「歴史見聞館」という資料館がありました。ひまなので入ってみます。

なにはともあれ天守へ

中には小田原城の歴史だけでなく、宿場町としての小田原の歴史をはじめ、いろんな展示物が並んでいてなかなかおもしろいものでした。

昔の小田原宿の写真もあり、こういう写真を見ると、つくづく当時の旅籠《はたご》に泊まってみたかったと思います。不便だし思うほど良いものでもないでしょうが、今どきこんな建築様式の宿があったら、けっこう流行るような気がします。

隅には100円で自分の写真を小田原の観光スポットの写真に重ねてシールを作ることができる〝プリクラ〟もあったので、さっそくシールを作ってみました。

資料館を堪能した後は山をのぼり、天守閣へ向かいます。小田原城は1870年に廃城となって以後、建物は解体され、残っていた石垣も関東大震災によりことごとく崩壊。やはり現在の天守閣は1960年に鉄筋コンクリートで復元されたものでした。

なぜか天守前広場に猿のオリがあります。なんとはなく、ひまなのでしばらく見物。武士やお姫様に変身して記念写真が撮れるという衣装サービスもありました。

小田原城は、意外に行ったことがない人が多いような気がしますが、実際に来てみると、それなりに観光客でにぎわっています。外国人が多そうですが、他にはいったいどういう人が来るのでしょう？　近くに「子ども遊園地」があったので、近場の家族連れなどが来るのでしょうか。

とにかく天守閣にのぼってみます。天気も良く、非常にいい眺め。海や東側の丹沢山《たんざわさん》系、そして秀吉《ひでよし》の一夜城で有名な石垣山《いしがきやま》なども近くに見えます。秀吉はあんな近いところに布陣して小田原の北条《ほうじょう》氏にプレッシャーをかけていたんだな、と妙にリアルに感じられます。

お城でだいぶ時間を使い、午後2時くらいになりました。

また市街地に戻ろうと思ったのですが、当時の鐘楼が残っている場所があるというので、まずは鐘楼を見学。

あまりたいしたことはなかったので、再び駅方面に向けて歩いていると、和洋折中形式というのか、古そうな建物を発見しました。こういうのはチェックする必要があります。

近づいてみると、「だるま料理店」という食堂でした。案外、高そうな感じです。この日のお昼は特に決めていなかったので、この際ここで食べてみることに決定。いったいいくらくらいなのか不安でしたが、入ってメニューを見ると寿司が1500円ほどで、それほど高くありません。

そうとなれば歩いてだいぶ汗をかいたのでビールも頼み、寿司を食べました。ネタは近海魚中心なのでしょうか。小田原も海沿いの町なのでやはりおいしかったです。

「だるま料理店」

## 3千円の素泊まりなのに二間付き!?

ゆっくりお昼を食べて、さらに歩くと「ギョサン」を売っている店を発見。ギョサンというのは〝漁業従事者用サンダル〟の略で、最近、湘南《しょうなん》方面で流行っているというのをテレビで見たばかりでした。しかし、小田原市内を歩いてるときには誰も履いていなかったような!?

駅近くの商店街を歩いているうちに、古い旅館を発見しました。小田原駅の東側は昔の旅館街か、あるいは花街でもあったのでしょうか。ホテルや旅館が目に付きます。今日泊まる「日乃出旅館」も東方面です。

いい加減、歩くのに疲れたので、早めに宿に入ることにしました。探すと日乃出旅館はすぐに見つかりました。古そうではありますが、破風《はふ》などが付いた立派な建物です。ボロいビジネス旅館をイメージしていたのですが、そういう系統ではなく、ちょっとした高級宿風です。入り口付近の雰囲気もなかなかです。

入って声をかけるとおっちゃんが出てきました。「いらっしゃい」から始まって、いきなり「ところで何でうちに泊まることにしたの」と鋭いところを突っ込んできます。

「古い宿が好きで、ウェブで探した」という説明のほか、もう最初から正直に話したほうがいいと、実は〝ボロ宿〟ばかり集めたブログをやっており、本にも書くのだと説明しました。

「うちは全然かまわないよ。どんどん好きなように書いてよ」と、ありがたいおことば。あがりで座り込みながら、けっこう長話になりました。おっちゃんによると、もともと長く小田原に住んできた一家で、宿はおっちゃんのおかあさんが始めたそうです。

おっちゃん、というかご主人は会社勤めをしていたそうで、会社をやめたらゆっくりしようと思っていたところ、おかあさんが急逝されたため、宿を引き継いで営業をしているとのこと。今のところ1人でやっているため素泊まりのみの営業ですが、以前は食事も出していたとか。立派な厨房も見せて

駅東側の旅館街

うわさの“ギョサン”

くれました。

「まあとにかくあがってもらおう。どの部屋にするかなぁ」

考えた末におっちゃんが通してくれたのは二間続きの立派な部屋です。次の間には布団が2組も敷いてあって、ご主人は「まあ好きなほうを勝手に使ってください。両方使ってもいいしね」などと言っておりました。

レトロ感たっぷりの「日乃出旅館」

二間続きの部屋に布団が二組

## 長逗留のパキスタン人は何をしてる？

部屋にあがって、さらにいろいろ話をしていると、何かのきっかけで、ご主人と私が東京の同じ大学の出身だと判明。ご主人は小田原から通っていたみたいです。世代は違いますが、「だれそれを知ってるか」などという話になり盛り上がりました。

お子さんは独立されており、「今は1人なんで気楽なもんだよ。自分の部屋には布団が敷きっぱなしで自由にやっているよ」ということで、ご主人の部屋に案内されました。

客室より狭いものの便利そうに作られた部屋で、亡くなったおかあさんやおとうさんの写真も飾ってあります。

掃除も行き届き気持ちよい館内

「男1人で営業しているわりにはすごくきれいで、片づいていますね」

私が言うと、「母親がすごく厳しくて、布団の畳み方から小さい時からずいぶん厳しくしつけられたんだ。客に対する外面《そとづら》は良かったけど、自分の子どもには厳しくてね」。おとうさんは宿の運営とは別に会社勤めをされていたそうで、ご主人も宿を継ぐつもりはあまりなかったそうです。

「生まれたところだから帰ってきたけど、近所に知り合いも多いし、毎日自由にやってるよ。今日も本当は友達と飲みに行く約束だったんだけど、お客さんが入ったからやめといた」

それはたいへん。慌てて「かまわず行ってきてください。私も勝手に外で食事をするし、留守番しときますから」とすすめると、「それなら行ってこようかな」とご主人。お風呂の使い方などを教わって、私は一足先に食事に出ることにしました。

ご主人によると、宿から駅の反対方向に行ったあたりは昔からの飲み屋街で、ちょっと気の利いた店があるとのことなので、そちらを目指します。

外はもう暗く、ちらほら飲み屋の看板が見える渋い通りを歩いていると、突然小さな駅に行き当たりました。緑町《みどりちょう》駅です。伊豆箱根鉄道大雄山線《だいゆうざんせん》の駅なのですが、まったく存在を意識していなかったのでびっくり。

結局、この辺りの小料理屋に入ることに。2時頃、だるま料理店で食べているので、お酒とちょっとしたおつまみがあればいい気分でした。

店に入るとカウンター数席と小上がりがあって、座敷にはグループの宴会がセットされています。私はカウンターに座り、お酒と鯵《あじ》のたたきを注文しました。すぐに団体客もやってきて、女将さんとご主人は忙しそうです。タバコを吸おうにもライターのガス切れで火が付かず、マッチかライターを借りようと思ったのですが、声をかける隙がありません。

私の様子を見ていたのか、近くで飲んでいたおっちゃんがライターを貸してくれました。そのうえ、女将さんの手が空いた時にそのおっちゃんが「ライターかマッチはないの」と聞いてくれたのです。が、答えは、「最近私もタバコをやめちゃって、ないんだよね～」とのこと。

私は「いや、そんなにたくさん吸うわけでもないし、どうしても吸いたい時はまたお借りしますから」と、飲んでいました。

鯵のたたきがやたらとうまいのでお酒をお代わりしていると、カウンターのおっちゃんは先に会計をして帰っていき、その後で女将さんが「このライター、先ほどのお客さんから」と、ライターをくれました。なかなか小粋なことをするおっちゃんでした。

そんなわけで、いい気分で酔っ払って宿に戻りました。ご主人の気配はないので勝手にお風呂に入り、布団に横になりました。ご主人の話によると、私の部屋の廊下をはさんだ向かい側にパキスタン人の客がひとり逗留しているけれど、帰ってくるのはすごく遅いので気にしなくていい、ということでした。

地元産の鯵でお酒

なぜパキスタン人がこんな和風旅館に？　と思いましたが、実は前にも泊まったことがあるお客で、今回もいきなり訪ねてきて「泊めてくれ」といってきたそうです。

広い旅館にひとりきりの夜です。ご主人もなかなか帰ってきません。なんか楽しいような寂しいようなふわっとした気分です。

うとうとした寝入りばな、襖の向こうからご主人の声が「今帰ったよ。もう寝たかい」と聞こえてきましたが、「ああん⁉」と寝ぼけた声を返すと自室に去っていきました。

パキスタン人はさらに遅い夜中に帰ってきたようですが、私は気がつきませんでした。いったい小田原の夜に何をしているのでしょうか。

そんな不思議な一夜を過ごし、朝は早めに出発することにしました。

ご主人の話によると、この家では地元の若者がアート系のイベントを行う時に、場所を貸したりしているそうで、よく見るとアートキャンドルや影絵などの額があちこちに飾ってあります。かなり有名な人の作品もあるようでした。

アートの展示会を開いたり音楽会をやったり、いろんなイベントをやるそうで、確かにこんな宿が会場なら、雰囲気のいいイベントができそうです。駅からも近くて立地的には便利だし、地元の若者にとっては格好のスペースなのでしょう。

ご主人と別れて駅に向かい、小田急の「箱根そば」で立ち食いそばを食べ、ロマンスカーで東京に戻りました。

**熱海　福島屋旅館**

〒413-0013 静岡県熱海市銀座町14-24
☎0557-81-2105

※2018年現在、素泊まりと朝食付き、立ち寄り湯を営業中

**小田原　日乃出旅館**

〒250-0011 神奈川県小田原市栄町3-1-5
☎0465- 22-3567

第十三章

# 町にも宿にもドラマあり

風情ある町並み

# 大河ドラマ人気に沸く黒壁の町に佇む宿

## 歴史ある北国街道をふらふら

滋賀県の彦根《ひこね》に出かけたのは2011年6月です。いつものように、ついでに1泊してくることにしましたが、彦根は前にも泊まっているので、考えた結果、長浜《ながはま》へ。米原《まいばら》から北陸に向かうルートは、通るだけで降りたことがないエリアです。この機会にちょっと町を見物しようと思いました。

彦根で仕事が終わったのが午後5時。それから琵琶湖《びわこ》線の快速急行で長浜へ。宿にはちょっと到着が遅くなると言ってあったのですが、夕食も頼んでるので、あまり遅くならないように、なるべく急ごうと思っていました。

長浜駅到着が6時くらい。なんだか新しいきれいな駅です。案内所で観光パンフレットなどをもらっていて気づいたのですが、北近江《きたおうみ》といえば、旧浅井《あざい》長政《ながまさ》氏の根拠地。当時、NHK大河ドラマで放映されていた「江《ごう》～姫たちの戦国～」の舞台でありました。大河ドラマを見ていないので考えつかなかったのですが、市内のあちこちに「浅井三姉妹」の文字が躍り、何やらドラマ関連のイベントも行なわれているようです。

そういえば、2010年は長崎で龍馬《りょうま》ネタ、その前は直江津《なおえつ》や米沢《よねざわ》で直江兼継《なおえかねつぐ》ネタのイベントを見学した記憶がよみがえってきました。旅をしていると、大河ドラマの影響力の大きさを実感します。地元側も、この機会に観光客を呼ぼうと必死の努力をしているようでした。

そもそも長浜自体は秀吉が作った町なので、駅前には秀吉と石田光成《いしだみつなり》の出会いの像が設置され、ちょっと歩くとそのへんの通り自体がなかなかいい風情です。古い食堂もあり、奇妙な建物もありました。

そして北国街道。滋賀県の琵琶湖東岸を南北に進んで福井県南越前町《みなみえちぜん》今庄《いまじょう》で北陸街道に合流する道は、かつて北陸と京阪神を結ぶ重要な街道でした。多くの商人、旅人、武将らが頻繁に利用し、長浜はその宿駅《しゅくえき》として、また湖上交通の要として栄えた町だったのです。

その北国街道をぶらぶらすれば、すごく風情のある通りでした。

駅でもらった地図を見ると、宿まで行く間にもけっこう見どころがありそうです。時間が遅いのでやめておきましたが、子供歌舞伎の山車が見られる「曳山《ひきやま》博物館」のほか、ショッピングセンターの跡を利用して『長浜黒壁・歴史ドラマ50選』なる博覧会も開催されていました。

明治時代の銀行の建物を使った「黒壁ガラス館」というのもあって、ちょっと寄ってみたのですが、もう時間が遅く、入った途端に「蛍の光」が流れてきたので翌日に回すことにしました。ガラス製の常夜灯なんかが展示され、本当にいい雰囲気です。

たぶん私が知らなかっただけで、けっこう集客力のある観光地なんでしょう。おみやげ屋さんなんかもたくさんありました。

## 夕食の間中、話につきあってくれた女将さん

こうした風情のある通りの一角に、めざす「三谷《みたに》旅館」はありました。宿の前の通りもなかなかの風情

です。門構えも立派で、いくら古い宿といっても、〝ボロ宿〟本に載せたら、まずいことになるかもしれないと、ふと思いました。

とりあえず声をかけると、若い女将さんが出てきて部屋に案内してくれました。建物はかなり古い感じなのですが、中に入ると部屋は真新しく、すごくきれいです。聞けばごく最近リフォームしたそうで、水回りなども先端設備を利用した清潔な空間になっていました。

すぐお風呂に入りたかったのですが、「今ほかのお客さんが入っている」ということでした。部屋で待機していると、さほど待たずに呼びにきてくれ、広くて快適なお風呂に入って汗を流しました。

さっぱりして最初に教えてもらった食事部屋に行くと、広い座敷に私ひとりでした。ほか数人のグループは、隣の座敷にいるような気配がします。食事はほとんど準備ができていたので、まずはビールを飲み始めました。

女将さんは、この家にお嫁に来た人だそうで、年齢を推定して間違ってしまうとまずいのですが、かなり若いようです。この宿は確か三代目と言っていたので、三代目のお嫁さんでしょうか。

彼女は夕食の間中、そばでずっと話につきあってくれました。なんでも2人の息子さんがいて、子供歌舞伎にも出たそうです。秀吉の時代から続く長浜の曳山祭は、舞

見るからに嬉しくなる「三谷旅館」

手が入り、きれいな客間

台付きの曳山（山車）で子供歌舞伎が上演される珍しい出し物が有名で、京都の祇園《ぎおん》祭、高山《たかやま》市の高山祭と並び日本三大山車祭の一つに数えられ、重要無形民俗文化財にも指定されている由緒正しき祭とか。

「もし、曳山に興味がおありでしたら、代々参加しているので主人が詳しいです。呼びましょうか」と言ってくれたのですが、そんなにしてもらうのもなんなので、遠慮しておきました。

女将さんによると、大河ドラマで観光客が増えたのは事実ですが、長浜で泊まる人は少ないとか。

似たような話はどこでも耳にします。結局、交通が便利になったので、1カ所にじっくり滞在するより、なるべく多くのスポットを回るような観光が主流になっているのでしょう。

それでも宿をリニューアルし、なかなか盛況なようです。ただ、長浜の商店街は午前10時を過ぎないと店が開かないので、宿泊した人がそれまで行くところがなくて困るようです。

宿の周辺にも観光地が多いので見どころを教えてくれました。私としては小谷城《おだにじょう》と竹生島《ちくぶしま》に行ってみたいと思ったのですが、ちょっと時間的に難しそうでした。

## ただ歩いているだけで飽きない風情のある町

夕食につきあって、いろいろ話してくれる若い女将さんの言葉は、まったく訛りのない標準語です。聞いてみると、北近江は関西といえば関西ですが、昔から北陸や岐阜方面との関連が深く、瀬田《せた》や大津《おおつ》あた

桟や階段などに意匠を凝らした細工が

りはむしろ京都の影響が強いそうで、言葉もちょっと違うそうです。

「(阪神・淡路)大震災の時はこの辺も揺れた」とか、そんなことまで話しているうちに食事を終えてしまい、夕食の写真を撮るのを忘れてしまいました。すごくおいしい家庭的な料理でした。味つけが実によかったです。部屋に戻ってから、ちょっと夜の町を見てみようと思い立って玄関まで行くと、ご主人らしき若い男性が宿のサンダルを出してくれました。

夜は夜でなかなか風情があります。営業しているような店は見当たりませんでしたが、こんなところに代々住んで、曳山なんかにも参加してきた家の人は、やはりどこか戦国時代の気分を引き継いでいるのだろうかなどと思いながら、ただ歩いているだけでも飽きない、いい雰囲気の町です。

散策から部屋に戻ると特にやることもありません。こんなときはとっとと寝るに限ると思ったのですが、問題はリフォームされたばかりの、こんなピカピカの部屋でよく寝れるかどうかです。

しかし布団に横になれば案ずることもなく、すぐにぐっすり寝てしまいました。

翌日はちょっと雲がかかっていましたが、まあまあの天気。朝食を頼んでいた8時に下におりると、夕食とは別の部屋に準備されていました。

ご主人がみそ汁を持ってきてくれた時に、「これがうちの息子の曳山の写真です」とわざわざ飾ってある写真を見せてくれました。

子供ながら本格的な見事な衣装と化粧です。この辺りの家では、子供歌舞伎に出た衣装で写真を撮ってもらい、大事にしておくそうです。

朝食は和風旅館の標準的なものですが、これも実においしかったです。

この日、宿を出た後どうするかをまだ決めていませんでした。諸事情を考えると、真っ直ぐ米原に出て新幹線で東京に帰るほうがいいのですが、せっかく長浜まで来たことだし、少しはその辺を歩いてみたい。

そこで宿近くの大通寺《だいつうじ》というお寺さんが立派らしいので行ってみて、そのあと長浜城も一応、見るだけ見ていくことにしました。それだけなら割と早く帰ることができます。

予定が決まったので午前9時に宿を出発。見送ってくれたご主人に、「古い宿の雰囲気を壊さないようにきれいにリフォームされていて、すごくいい宿ですね。また寄せてもらいます」と言ったら、うれしそうにしていました。

純朴そうなご主人と、すごく愛想が良くて親切な女将さんのコンビ。2人ともまだ若いので、これからも繁盛していきそうです。

## おたくの聖地『海洋堂ミュージアム』へ

宿を出て大通寺の参道に向かいました。まだ朝が早くて店はあまりやっていませんが、なかなかいい雰囲気。

長浜《ながはま》御坊《ごぼう》とか、ごぼうさんと呼ばれ地元の人に親しまれているこのお寺は、かなり立派な山門があり、由緒ある有名な寺のようです。本堂に上がるとどこかのじいちゃんが、じっくり座り込んで拝んでいました。私も賽銭箱に10円入れて、じいちゃんの後ろから拝みました。

手作りのおかずが美味しい朝食

水路のある通り

海洋堂フィギュアミュージアム

内部の造りもなかなか凝っており、有料で見学できるコースもありました。襖絵には円山応挙《まるやまおうきょ》とか、狩《か》野山楽《のうさんらく》といった著名絵師の作品が使われているとかで、無料ならぜひ見てみたいところでした。

お寺を出た後は、長浜城を見に駅の反対側を目指しました。といっても、豊臣《とよとみ》秀吉が、浅井攻めの戦功によって織田信長《おだのぶなが》から領地を与えられた際に築いた城は江戸時代に廃城となり、現在の天守閣は1983年に安土桃山時代の城郭を模して作られたものです。

再建された城にはあまり興味がないのですが、城まで行けばきっと琵琶湖も見えるはずです。

町中を駅に向かって歩いていると、古い水路に沿った通りがなかなかいい風情です。歴史のある町はやはり違うなあ、と感心しながら歩きました。

もう少し行くと『海洋堂フィギュアミュージアム黒壁　龍遊館』がありました。入り口には大魔神やケンシロウなどの巨大フィギュアが立っていて、私の年代にはなかなか懐かしいところです。と思ったら、エヴァンゲリオンからガチャガチャ、美少女フィギュアまで手がけており、世界のフィギュア好きには〝聖地〟とまで言われている博物館なのだとか。

こうやって歩いていると、女将さんが昨夜言ったように、どこも午前10時オープンのところがほとんど。海洋堂ミュージアムや、黒壁ガラス館などを見ていこうと思っても開いていません。

念のため、喫茶店でもあるかと探しましたが、結局なかったので道端のベンチに座って時間をつぶし、海洋堂ミュージアムと黒壁ガラス館へ。ガラス館はどこにでも売っているようなメーカー品が比較的多く、ちょっと地元感が薄いような気がして、結局何も買いませんでした。

駅の中を通り抜けて琵琶湖側へ。途中で伊吹山《いぶきやま》が見えましたが、雲をかぶっていて独特の山頂は見えません。

琵琶湖側に出てみると商店街などはなく、ただ大きな公園が広がっていました。午前中というのに、えらく暑くなってきて、公園の森の中を歩いてもけっこうきつい感じでしたが、長浜城へは5分くらいで到着。パッと見、こぎれいで、まあ本物の長浜城がこんな城だったのかどうかは、けっこう疑問です。天守にのぼるのはやめておきました。

城からただ駅に戻るのも芸がないので、少し琵琶湖沿いを歩いてみようと思ったのですが、湖岸はさえぎるものもなく、暑さもひとしおです。でも、気持ちのいい景色です。時間があれば竹生島に渡ってみたかった。のんびり公園をぶらつくつもりでしたが、園内の道が入り組んでいるせいで方向がわからなくなり、駅に戻るまでずいぶん歩きました。もう汗だくです。

駅に戻ったのが11時頃。せっかくなので駅前の平和堂《へいわどう》というスーパーのギフトコーナーでおみやげを買って宅配便で送りました。ここも「お江」関連みやげが山ほど積んでありました。

ここまで来たら、たいした違いはないので長浜でお昼を食べて帰ることにしました。前日にちらっと見た、ものすごく古そうな「中島屋食堂《なかじまや》」が狙いです。こういう食堂があると見逃せなくてついつい入ってしまいます。

時間的にまだ早いかなと思いつつ食堂へ。まだ暖簾《のれん》は出ていませんでしたが、ご主人が中にいたので「いいですか」と聞いたら「ああ、どうぞどうぞ、お好きな席へ」というので入りました。

中もなかなかノスタルジックな感じです。まああある程度意識して雰囲気づくりをしているんでしょう。

私が座った奥の席のテーブルは3本脚なので、気をつけるように書いてありました。

メニューを見ると、おつまみ系もけっこう充実しているし、考えてみればすごく暑くて汗をかいていたので、そんなつもりはなかったのですが、ビールを頼むことにしました。

奥から出てきたばあちゃんにビールを頼むと「キリンとアサヒ、どっちにしますか」と聞かれたのでキリンを選び、おつまみには冷や奴。それにもりそばを頼みました。本当はこの辺では琵琶湖の魚が名物らしいのですが、暑いので定番メニューを頼んでしまいました。

こういうところで昼間っから飲むビールは実においしいものです。

中島屋食堂で、長浜の旅も終わりました。今度いつ来れるかわかりませんが、機会があれば北近江から北陸まで、のんびり回ってみるのもいいなと思いました。

**長浜市　三谷旅館**

〒526-0059
滋賀県長浜市元浜町19-19
☎0749-62-0323

# ラブホテルを改装したビジネスホテルに泊まる

## デラックスダブル朝食付きを予約

２０１１年9月、大阪と彦根に2日間にわたって仕事で出かけることになりました。京都あたりに泊まるのが無難なのですが、どこかにおもしろそうな宿はないかと探してみたところ、「ホテル大津《おおつ》」を発見。

**ラブホ感は否めない「ホテル大津」**

もともとラブホテルだった建物をビジネスホテルに転業した変わった経歴の宿です。避暑地のペンション風というのか、何建築スタイルと言えばいいのでしょうか。

「スタンダードダブル」が1泊2900円。朝食付きだと500円プラスされますが、いずれにしてもかなりの安さです。この際なので、「デラックスダブル」3900円の部屋を、朝食付きで予約しました。それでも4400円です。

そういえば昔、一度大津市内に泊まったことがあるのですが、そこはいい感じの〝ボロ宿〟でした。琵琶湖にも近く、夜になって散策するとなかなかいい風情でした。ビジネス客ですごく混んでいて、朝食の食堂は満員という盛況ぶりでしたが、ネットで探しても情報が皆無なので、たぶんもうないのでしょう。

「ホテル大津」の最寄り駅は京阪電車の石山坂本線《いしやまさかもとせん》・南滋賀駅です。駅から少し距離があるのでタクシーに乗るつもりでした。

夕方、大阪から京都経由で浜大津の駅まで行って、まだチェックインには早いなぁと思っていると、トーマス電車を発見。これが南滋賀まで行く石山坂本線の車両でした。せっかくなのでこれに乗り、終点の坂本駅まで行ってみることにしました。

周囲には、古くから比叡山延暦寺《ひえいざんえんりゃくじ》や日吉大社《ひよしたいしゃ》の門前町として栄えた重要伝統的建造物群保存地区の町が広がっているのに、予想に反して坂本駅は近代的なアート系デザイン。坂本に来るのは初めてで、時間があれば延暦寺などにも行ってみたいところです。

日吉大社は近いようですが、もう西日が傾いています。周辺を少し歩いてみると、やはり歴史を感じさせる風情ある町並みでした。

駅からちょっと上がると、なかなか由緒のありそうな古いそば屋を発見。大社の参道にあたるのかもしれません。「名物日吉そば」と書いてあったので、ここでビールでも飲もうと入ってみました。中もいい雰囲気です。

お腹を満たした後は、宿へ向かうことに。南滋賀駅は通りがけに見たところタクシーがいそうにもなかったので、坂本駅から比較的大きな大津京駅へ出ました。思ったとおり、駅前にはタクシーがたくさん待機していました。

車に乗り込み、「ホテル大津まで」と言うと、運転手さんは「うん？　あーっ、あれか、山のほうの」と、わかるようだったのでひと安心。歩くとどれくらいかかるか尋ねると、「どうかなぁ、20分くらいかな。でも歩道がない山道なのでけっこう危ないですよ。明日もタクシーを使うんだったら、呼べば近くの車が行きますから」と、タクシーカードをくれました。

車は山道をのぼっていきます。運転手さんによれば、先を少し行けばすぐに京都の鹿ヶ谷《ししがたに》あたりに抜けられるとか。それにしても、宿賃は安くてもタクシーを使っては、あまり意味がないかもしれません。

## 平日に多い常連さんはビジネス客

10分ほど走ってホテルに到着。当たり前ですが、やはりラブホテル感は否めません。エントランスの雰

ガラス張りのお風呂

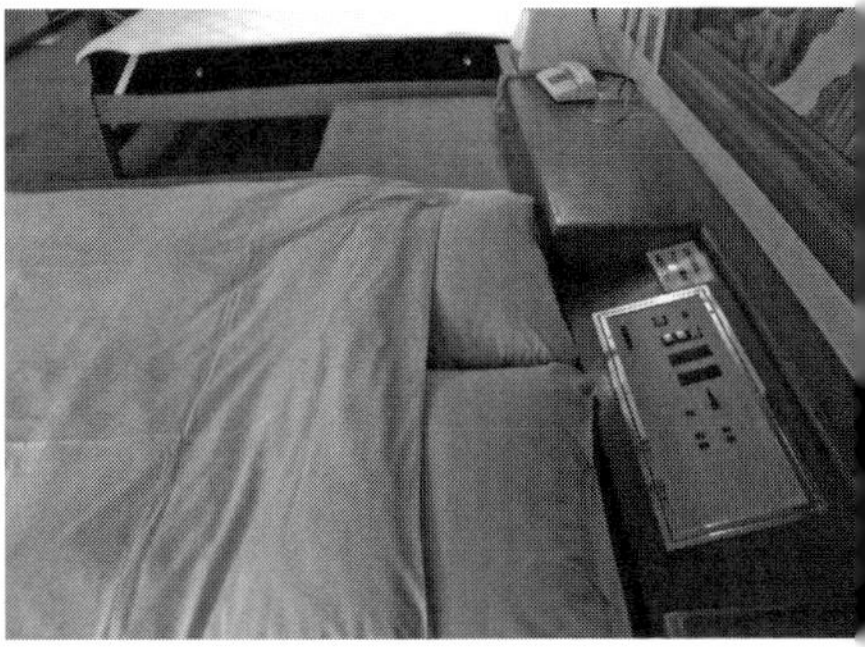

通常より広い部屋

囲気もまんまです。鹿の剥製がありました。

受付のカウンターもごく小さくて、呼んだらアルバイトみたいな素朴な若いにいちゃんが出てきました。ロビーには簡単な売店がありましたが、品数は寂しい限り。料金を前金で支払い、鍵をもらって2階の部屋に向かいました。ドアを開けてみると、普通のビジネスホテルよりは広めの感じです。「デラックスダブル」は、いかにもな雰囲気の部屋で、さらにもうひとつエキストラベッドも置いてありました。人数が多くても何とかなりそうです。

そういえば昔、バイクでツーリングをしているときに神戸《こうべ》で泊まるところがなくて、営業中のラブホテルに男2人で泊まった記憶がよみがえってきました。なんともおぞましい体験で、あまり思い出したくないですが。

それに比べれば今回は普通のホテルに業態変更しているわけで何ということもないのですが、やはり雰囲気というものは残っている気がします。たとえばガラス張りのお風呂とか。まあ今回は1人なので、何を気にする必要もないわけですが。

必要なアメニティは完璧にそろっており、コーヒーやお茶なんかもありました。が、室内で携帯電話がつながらないという問題が発覚しました。山の中とはいっても市街地からそんなに離れていないのに、意外です。たま〜にギリギリつながることがあるので、メールなどは送ることができました。

DVDのコンテンツなども充実しているようでしたが、翌日も早いことであり、この日はお風呂に入ってとっとと寝てしまいました。

翌朝は7時に食事を頼んでいました。「部屋でも下の食堂でもいい」と言われ、部屋に持ってきてもらったのですが、時間ぴったりに朝食到着。500円にしては充分です。さっさと食べてロビーにおりました。

きのうのアルバイトのにいちゃんはいなくて、ご主人らしい人がいました。1階にパソコンルームがあると書いてあったので使わせてもらおうと思って声をかけると、「すみません、昨日の夜、突然パソコンが壊れちゃったんです」とのこと。

しょうがないのでタクシーを呼んでもらいました。

車を待つ間、「こちらは何というか、ちょっとアレなホテルというか、いや、少し変わったホテルですけど、どういうお客さんが多いんですか」と聞いてみました。

「圧倒的にビジネスのお客様です。ですから休日前より平日のほうが混んでるんですよ。うちは周辺の相場より価格設定が安くて、元ラブホテルとはいっても設備や備品はちゃんとしていますし、部屋やベッドもゆったりしていて、朝食もしっかり食べられます。一度来られたお客様がこれは良いということで、リピーターになっていただいています」

充実の朝食

ロビーにはなぜか鹿の剥製が

確かにご主人の言うとおりです。

「ただ、携帯がね～」と私がつぶやくと、「そうなんですよ！ 申し訳ありません。それだけが難点で、駐車場のはじのほうにいくとけっこうつながるんですが。電話会社に要望してもダメなんですよ。お客様からそういう声が多ければ対応するようなんですけど、うちがいくらいってもアンテナ立ててくれないんです。今度ソフトバンクは対応するようなことを言ってましたけど」だそうです。

## 三井寺の参道も開発には逆らえず……

この日は仕事で、午前11時に南彦根駅に行くことになっていました。タクシーの運転手さんに「彦根方面に行きたいんですけど、どこで乗り換えたらいいですか」と聞くと、「このままクルマで大津駅まで行ったほうが早いですよ。大津京駅だと湖西線《こせいせん》で山科《やましな》まで戻るような感じになっちゃいますし、どうせ1千円ちょっとくらいですから」とのこと。

いや、昨夜ホテルに近い大津京駅からでも1千円ちょっとだったので、大津駅となると2千円くらいはかかると思ったのですが、確かにそのほうが早そうなので大津駅まで行ってもらうことにしました。結果的には1800円くらいでした。

この運転手さんは、最近大学の先生と研究室の学生を乗せて、1日大津京付近を回ったそうです。

「この辺は例の中大兄皇子《なかのおおえのおうじ》が遷都したところですからね。そういう調査に来ていたんです。ここらは歴史が好きな人にとっては、いろいろ見どころがありますから。すぐこの上が比叡山だし、ほらそこに三井寺《みついでら》の入口が見えるでしょう。ここもけっこう歴史のある寺ですからね。三井寺って言ってますが、本当は園城寺《おんじょうじ》って言うんですよ」と、運転手さんはなかなかの教養人のようでした。

そういうことならと、この辺に昔からやってる古い宿はあるか尋ねると、「いやぁ、もう最近はないね。この辺りは三井寺の参道だからすごく賑やかで宿もあったけど、もうだいぶ前から寂れてきたからね。三井寺は便利なところにあるんで今も観光客は多いけど、泊まる人は少ないしね」。

江戸時代の街道筋にも少し宿があったそうですが、今はまったくなくなり、大きなビルなどになっているそうです。しかもわずかに残っている古い家並みを壊して、さらに道路を拡幅する計画もあるのだとか。時代の流れには逆らいようがありません。

とはいえ、大津は歴史のある町ですから、よく探せばどこかにいい〝ボロ宿〟があるのではないでしょうか。

そんなこんなで大津駅前に到着。県庁所在地の主要駅にしては、やや寂しい感じです。〝おおつ光ルくん〟なるゆるキャラともつかないマスコットがいました。

電車の時間をチェックしてみると、1時間ほど時間が取れそうなので、途中の安土《あづち》駅で降りてみることにしました。織田信長が築城した安土城があった土地です。何度も通ってはいながら寄ったことがなかったので楽しみです。

安土駅に到着すると、さっそく駅前に信長様像がいらっしゃいました。安土桃山《ももやま》風とでも言うのか、それっぽいみやげもの屋みたいな建物も建ってます。

駅で観光パンフレットを見ると、安土城跡はちょっと遠いので、駅周辺を少し歩いてみることにしました。地下道を抜けた駅の反対側に「安土城郭資料館」というのがあったので寄ることに。朝9時。早いかと思いましたが開いていてよかったです。

ここは思ったよりおもしろい施設で、中でも20分の1スケールの安土城の模型が出色でした。模型の真ん中がスッパリ切り分けられ、内部の様子がわかる構造です。2階には資料コーナーも設けられ、当時の宣教師が描いたという信長の肖像画がありました。あまり見慣れない絵ですが、例の有名な肖像画より写実的で、かなり似ているという説もあるそうです。

確かなことはわかりませんが、実際にこんな顔だったとすると、織田家が美男・美女系というのもうなずける気がします。

そんなわけで遊びの時間は終わり、再び仕事に向かって電車に乗り込んだのでした。

**大津市　ホテル大津**

〒520-0018
滋賀県大津市南滋賀町971-1
☎077-524-3518

# 寿司屋を兼業する老舗旅館

## トンボ帰りをやめて狙っていた宿を予約

大雪の鳥取に出かけたのは、２０１１年1月のことです。酔狂《すいきょう》にも、新幹線と在来線を乗り継いで陸路を延々と鳥取駅へ。朝、東京駅を出た新幹線は、関ケ原《せきがはら》付近で雪のため徐行運転となり、姫路《ひめじ》で鳥取行きの特急スーパーはくとへ乗り継ぎができるかどうか不安な状況でした。

結局、ダイヤが全般的に乱れていたせいでスーパーはくとも遅延しており、無事に乗り継ぎに成功。智頭《ちず》急行線経由のスーパーはくとが姫路を出て山道をのぼり始めると、周辺は雪景色に変わっていきました。

予定よりはかなり遅れましたが、ようやく鳥取駅に到着。やはり飛行機にすればよかったかな、などと思いましたが、出発前は雪の状況が不安だったので、電車のほうが確実だと思ったのです。

だいぶ余裕を持って出発したので、ちょうどいい感じで昼を食べる時間がありました。日本海沿いの街なので、駅ナカの食堂でお寿司を選択。地物を使っているらしく、なかなかおいしかったです。うどん付きで1千円くらいでした。

駅ナカにはゲゲゲの鬼太郎《きたろう》ショップもあります。NHKの朝ドラ『ゲゲゲの女房』（2010年放送）で、一躍ブームになった境港《さかいみなと》市が同県内なので、やはり観光客の需要があるのでしょう。

夕方までに仕事を済ませ、再び駅に戻って喫茶店で予定を検討しました。帰れるならトンボ帰りが都合よかったのですが、実際に鳥取まで来てみると、せっかくここまできたのだから1泊くらいしたいという思いが強くなりました。

一応、宿のリストを準備してきていたので、万一の場合はと狙いを定めていた「旅館常天《つねてん》」に連絡。電話に出た女将さんは上品な感じの話し方で「食事も用意できますけど、寿司屋を兼業していますので夕食をお寿司にすることもできます。どうしますか」と言います。

お昼もお寿司を食べたわけですが、そういうことならやはり寿司かな〜、とお寿司を頼みました。

姫路を越えると雪景色に

1000円でこんな寿司を食べられるなんて

そうと決まれば少し時間があるので、翌日朝イチの電車チケットを買ってから、街へ繰り出しました。

この年はどこも雪が多く、タクシーの運転手さんの話によると、鳥取は年末にドカ雪がきて、それが消えきらないうちに、何度か大雪があったようです。そういえば、大晦日から元旦にかけて大雪が降り、列車や千台以上のクルマが立ち往生して雪に閉じ込められ、車内で年越しした人が大勢いたとのニュースを見ました。

さすがに鳥取市の中心街はアーケードが多く、そんなに歩きにくくありません。食料品店をのぞいたりしながら歩いていくと、川にかかった橋にぶつかりました。建物がなくなるとけっこうすごい積雪量だとわかります。

## 学のある女将さんに町の歴史を学ぶ

歩き回っているうちに日が暮れてきて、グッと寒さが増してきました。ほんとうはお城の跡などにも行ってみたかったのですが、寒さにヘタれてしまい、早々と宿に入ることにしました。

宿は大通りから少し路地を入ったところにあります。雪のせいか、なんとなくうらぶれた雰囲気で、現代の日本とは思えない感じの小道を歩いていくと、左手に宿が見えてきました。見たところ普通の家で、お寿司の店舗と宿の入り口が隣り合っています。誰が作ったのか、玄関前には雪だるまもいました。炭で目鼻をつけたけっこう本格的なでかいやつです。

玄関を入って声をかけると、すぐに女将さんが出てきました。「電話した者です」と言うと、「はいはい、いらっしゃい」てな感じで、さっそく部屋に通してくれました。部屋の名前は「砂丘」です。

建物自体はかなりの古さが感じられる、私としてはわくわくするような良い雰囲気。玄関は狭いけど、最近リフォームしたのか結構きれいな感じです。

「本当だったら近所に温泉銭湯がいくつかあるのでおすすめしているんですけど、この雪だと道もあぶないので、家のお風呂にしますか？　そんなに広くはないですけど」

女将さんがお茶を入れてくれながら聞いてきました。確かにいまさら外に出るのも面倒なので、食事の後に家の風呂に入れてもらうことにしました。

女将さんによると、この宿は昭和9年に寿司屋として創業し、お座敷を貸したりしていたそうです。しかしその後、鳥取市に大火があり、家も焼けてしまい、昭和20年代に建て直したのが今の建物だとか。そのときに座敷を使って旅館を兼業するようになったそうです。

「火元からここまではけっこう遠くて、間にお掘もあったのですが、みるみるうちに延焼してきてどうしようもなかったそうです」

確かに、鳥取市内は大きな城下町の割には古い家が少ない感じがしたのですが、大火に何度か見舞われているとのこと。

近所の観光スポットもマップを持ってきて教えてくれましたが、なかなか学のある女将さんで、歴代の鳥取城主にも詳しいようです。

「古い家はあまり残っていませんが、当時の町割もだいたい

「常天」は寿司屋を兼業

調度といい部屋の雰囲気といいわくわく

残っていて、山沿いには〝仁風閣《じんぷうかく》〟という見どころもあります」

国の重要文化財にも指定されているルネッサンス洋式の西洋館で、旧鳥取藩主池田《いけだ》仲博《なかひろ》侯爵の別邸なのだとか。なんでも中国地方屈指の明治建築のようです。

大いに心引きつけられますが、翌朝はすぐに帰りの電車に乗らなくてはなりません。

「うちの宿はどうやって探されたのですか」

尋ねる女将さんに、インターネットで探したというと、

「近頃はビジネスホテルに泊まられる方が多いのでなかなか大変です」としみじみ。

「いやあ、ビジネスホテルなんかどこに泊まっても同じなので、私はいつも何としてもビジネスホテルだけは避けようと思って、宿探しをしています」と言うと、「そんな方がたくさんいればいいんですけどねぇ」と嘆息しておられました。

やはりそういうモノ好きはあまり多くはないようです。

## 寿司と面白話でお酒がすすむ夕食

夕食まで時間があるので館内を探検。廊下の一部にソファが置いてあり、マンガなんかも備えてありました。複雑な構造のようですが、なかなか風情を感じる建物で、いかにも昔の旅館のような感じがします。

時間になったので一階に降りると、女将さんが出てきて、外に出なくても店に回ることができる秘密の通路を案内してくれました。カウンターはご主人ともう一人のおっちゃんの2人体制。ほかに客はいませんでした。席に着くと順次おまかせのネタで寿司を握ってくれました。やはり地物のネタ中心だそうで、特に旬のネタとしては「モサエビ」や、甲羅の柔らかい「若松葉《わかまつば》ガニ」などを出してくれました。「若松葉ガニは身が少ないけど、味としてはおいしいと思う」とご主人。イカもおいしかったです。

寿司を握りながら昔のことをいろいろ教えてくれるのですが、それがおもしろく、時間を忘れてビールとお酒を飲みながら話し込みました。

雪については「昔はこの辺はもっと降って、2階から出入りするようなこともあった」とか。やはり昔よりは雪も少なくなっているようです。

近いうちにまた鳥取に遊びに来ようと思ったので見どころなどを聞いてみると、少し離れた智頭《ちず》に、風情のある古い商家が建っているそうで、写真も見せてくれました。智頭は電車で通ってきたのですが、町が雪に埋もれている感じでした。あんなところで古い宿を探して1泊してみるのもいいものです。次回は行ってみようと思います。

けっこう長居し、部屋にもどると布団が敷いてありました。

2階の部屋の窓を開けてみるとかなりきつめの寒気が入ってきます。宿の前には何となくそそられるような居酒屋の赤ちょうちんも見えましたが、寒いので今回は勘弁しておくことにしました。

**赤提灯に心揺れたが**

浴室内にも暖房があった風呂場

お風呂は家庭用よりは立派で、びっくりしたのは浴室内にもエアコンがあったことです。女将さんは「寒かったらつけてください」というのですが、「普通はつけるんですか」と聞くと、「お好きなように」というので、実際のところ寒かったので暖房をつけてお風呂に入りました。

この日は長旅で疲れていたのか、気がついたら眠ってしまっていました。翌朝は早く目が覚めたのですが、寒いのでしばらく布団で待機。でもすぐに早めに頼んでおいた朝食の時間がきてしまいました。

前夜食べたイカのゲソがタレで焼いてあり、すごくおいしかったです。出がけに女将さんに「ご主人のお話がおもしろかったと伝えておいてください」と言うと、「普段はあんまりしゃべらないんですけどねぇ」とか。

この日も朝から雪が舞っていて、玄関の外には少し積もっていました。女将さんがスコップで道を作ってくれたので、そこを通って出立。

宿から駅までは歩いて10分足らず。途中の脇道では鳥取市民が懸命に雪かきをしておりました。

すぐに鳥取駅に到着。天気はすっきりせず、この日も断続的に雪が降り続けるようです。駅の売店で「鬼太郎キャラメル」を買って、来た時とおんなじスーパーはくとに乗り込み、姫路で新幹線に乗り換えました。

山陰側の山は、やはりかなりの積雪でしたが、山陽側に出ると天気は良くないものの、一転して雪はほとんどありません。つくづく日本列島は真ん中の山脈をはさんで気候がまったく違うことを実感しました。

そういうわけで、どこに寄るでもなく、ただ1泊しただけの鳥取滞在でしたが、独特の風情ある宿といい、趣のある山陰の風土といい、改めて魅力を感じました。近いうちに再び山陰を訪ねる予定があるので、今度はもう少しゆっくり回ってみようと思っています。

雪かきに大わらわ

**鳥取市　旅館 常天**

〒680-0831 鳥取県鳥取市栄町230
☎ 0857-22-8038

小豆島《しょうどしま》グランドホテル水明。
屋上の露天風呂からは瀬戸内海が一望できる

第十四章

# 瀬戸内海の風と光に魅せられて

# あこがれの小豆島にちょっとだけ立ち寄る

2014年11月に仕事で小豆島《しょうどしま》に行く機会がありました。結果としては一切観光などはできず、ただただ業務をしてきただけだったのですが、私は昔から瀬戸内海の島が好きで、いくつかの島に渡ってきましたが、瀬戸内海で二番目に大きいという小豆島には行ったことがなかったのです。たとえちょっとだけでもぜひ行ってみたいと思っていたあこがれの地なので喜んで出かけました。

前にもどこかで書きましたが、私はなぜか瀬戸内海周辺の雰囲気にあこがれます。若いときにバイクで回ったのが最初の瀬戸内経験で、生まれ故郷とはまったく違う風光に驚き、あくまでも印象ながら、光が明るく気候も温暖で、穏やかな海の幸に恵まれている感じを受けました。

何よりも、泳いでいけそうな近くに多くの島があり、港があり、多くの人が住んでいることに感動します。古代人は目の前の島に簡単に渡れたでしょうから、海産物を追って、島々に生活の基盤を広げていったようすが想像できます。

この時の小豆島行きは、あくまでも仕事なのでホテルなども他人まかせで、いわれた通りに従うだけの旅程でした。それでも印象深いものでした。ホテルは自分で選んだ〝ボロ宿〟ではなく、普通の立派なホテル。ただ、意外にも見所が多い旅になったのです。

事前に決められた段取りとしては、仕事の前日に関係者が高松に集合し、夜の船で小豆島に上陸して一泊。翌日に仕事をして、高松に戻って解散というスケジュールでした。というわけで、この時は飛行機で高松へ向かいました。

## 瀬戸内海を一望できる露天風呂を一人占め

空港からバスで高松駅に着くとこの日は雨。あいかわらず高松駅付近は未来都市のような雰囲気でした。再開発で立派なビルが建ち並んでいます。だいぶ昔に見た、古い駅があった時代とはまったく変わった雰囲気になっています。

高松にきたからにはとにかくうどんを食べようと、私は一人で立ち食いへ。どこに行っても立ち食いに寄ってしまう習性はなおりません。近所で適当に入った店ですが、やはり高松のうどんはおいしかったです。そのあと居酒屋に寄り、集合したみんなで晩御飯を食べました。ほろ酔い気分で店を出た我々は、徒歩で高松港へ。さらに船で1時間ほど揺られ、小豆島土庄港《とのしょうこう》に到着しました。

時間は夜の9時ごろだったでしょうか。周囲はすでに真っ暗で、いわれるままにタクシーに乗り、予約してもらったホテルにチェックイン。港からさほど遠くない「オリーブ温泉　小豆島グランドホテル水明」でした。残念ながら〝ボロ宿〟でもなく、コロナ禍以降は休館しているようですので、簡単に紹介します。部屋はごく普通のシングルルーム。たぶんビジネスユースの簡素なプランだと思いますが、テレビやドライヤー、アメニティなど必要なものはすべて揃った快適な洋室でした。

良かったのはお風呂です。

普通のホテルだと思って宿にはあまり期待していなかったのですが、実は温泉がすごい。屋上の露天風呂は瀬戸内海が広がる素晴らしい眺め。

泉質は単純温泉というらしく、無色透明なタイプでした。乾燥肌や関節痛にも効くとのことで、ついつい長湯してしまいました。

次の日の朝早く起きて行ったところ、浴槽はやや小さいものの、時間が良かったからか、先客が誰もおらず、お風呂は一人占めです。

付近の島々を見わたす素晴らしい眺めは、昔泊まった大崎上島のホテル清風館のお風呂を思い出しました(124ページ参照)。

さらに隣にはヨットをかたどった露天風呂もありました。こういうおちゃらけた風呂はあまり好みでもないのですが、せっかくなのでつい入ってしまいました。

家族連れの観光客なら、きっと子供は大喜びすることでしょう。

海の眺めにも心を癒されました。

ホテルから海を眺めると、この辺りはくぼんだ湾になっており、この時は船着き場に船が一艘、停泊していました。

風もなく、波もおだやかで、さざ波の音が微かに聞こえるのですが、何とも言えず静かな気持ちになるのです。

朝食はかなり豪華でした。

まず品数が豊富です。おひつごはんや味噌汁、温泉たまご、ひじきの煮物、トマトサラダ、青菜のお浸し、漬物などがずらりと並びます。

中でも嬉しかったのは、自分のテーブルにある固形燃料を使った一人用のコンロで、干物や練り物を網焼きにして焼きたてを食べられることです。

**朝食はこのボリューム**

小魚の干物や練り物を炙ると温かいのはもちろん、匂いが香ばしくなり、パリッとするので、食欲がそそられます。おかげで朝からごはんがどんどん進みました。

## 昭和レトロな港町食堂の名物「ひしお丼」の中味は

さて、この日は朝から仕事で主に島の南側を貸切タクシーで回ったのですが、途中、なかなか心惹かれる観光地が目につきました。

海岸沿いには「二十四の瞳映画村」というのがあるそうですが、ここは、戦争映画の傑作「二十四の瞳」のセットを再現したものだそうです。映画の世界に浸るためにも一度は行ってみたいと思いますが、この時はそうした時間はありませんでした。

また醤油蔵が並ぶ通り「醤《ひしお》の郷」では、昔ながらの古い醤油蔵（古い日本家屋）を見ることができるようです。本当ならゆっくり寄ってみたかったのですが、団体行動なのでそうもいきませんでした。

昼飯も、どこで食べるかについて段取りができていて、いわれるままに寄った店が非常にいい食堂でした。「大阪屋」という古そうな店なのですが、2階建ての建物は水色の外壁が潮風でところどころ錆びついており、昭和レトロというのか、港町食堂風の実に良い外観なのです。

あとで調べたところ、けっこう有名な海鮮料理の店みたいです。入り口の横に

大阪屋はかなりの人気店で、店前に行列が出来ることも少なくないらしい（右）。
名物の「ひしお丼」はとにかく刺身が新鮮だった（左）

ある鉄製のメニュー表には「貝族焼き」「さざえ壺焼き」「大あさり焼」などの文字が並んでいます。

店に入って、案内されたテーブル席に着席します。壁には手書きのメニューがそこかしこに貼り付けられており、海鮮だけでなく、ラーメンやかつ丼など、いろいろな品々が並んでいました。

この雰囲気からして、観光客だけでなく、地元の人たちにも人気があるようです。そう言えば、6つほどのテーブルはほとんどお客さんで埋まっていました。

この店を手配した担当者のおすすめにしたがい、店の名物である「ひしお丼」を注文します。間もなく、店員が御前を持ってやってきました。

ひしお丼もいろいろ種類があるようですが、ここで食べたひしお丼は、地元で仕込んだ「醤」で味付けした、地場産の近海魚がのった丼でした。

さっそくひしお丼に口をつけます。どれも新鮮ですごくおいしかったです。濃い出汁のお吸い物も、あっさり目で実にいいだしが出ています。みんな夢中で食っていました。

ちなみに店内には、自分でタネを取るタイプの四国のうどん屋にあるようなおでんもありましたが、この時は食べませんでした。タネは牛すじ、厚あげ、天ぷら、チクワ、たまご、コンニャクの6種類。

そんなわけで午後の仕事を終えたところで、短かった小豆島旅行も終わり、帰路につくことになりました。

帰りはお土産として土庄港のターミナルでそうめんと醤油を買い、再び船で高松へ。こんなふうにただ一泊しただけで、小豆島に来たといえるのかどうか。仕事とは別に、もっとゆっくりと再訪してみたいと思います。

小豆島
**オリーブ温泉 小豆島グランドホテル水明**

※現在休館中

# 城下町・津山に建つ登録有形文化財の伝統宿

高松で解散後、私は翌日名古屋で仕事だったので、時間の都合上、どこかに泊まる必要がありました。そこで計画したのが、岡山県の津山《つやま》行きです。高松から津山に行き、一泊した後、さらに翌日名古屋に向かうという遠回りな計画を立てました。

津山といえば古代から開けた美作《みまさか》地方（美作市・勝央町・奈義町・美咲町・津山市・鏡野町・真庭市・新庄村・西粟倉村・久米南町を含む岡山県北のエリア）の中心地で、私は何度か通過したことはあるのですが、泊まるのは初めて。

古い城下町でもあり、例の「八つ墓村」の話もちょっとは頭にあり、前からなんとなく気になる土地でした。ちなみに「八つ墓村」は森村誠一の長編推理小説で、１９３８年に津山で起きた連続殺人事件、いわゆる津山三十人殺しがモデルになっています。

宿は登録有形文化財になっているあけぼの旅館です。これは国が歴史的な価値があると認めた建築物が指定されるもので、建物が当時のままの姿を残していることも意味します。私としては「ボロ宿」といってはいますが、こういう格式の高い旅館も、申し訳ないことながら好きなのです。

津山はゆっくり滞在すれば見どころの多い街だと思います。今回は夜に到着して一泊するだけなので、本当はこんないい宿でなくてもよかったのですが、やはり伝統旅館の魅力に惹かれて予約してありました。

## 真っ暗で建物の外観がよくわからない！

岡山から津山線に乗り換えて津山駅に到着すると、目の前には大きなロータリーが広がっていました。タクシーがたくさん停まっており、すぐ近くに商店街もあるなど、駅前の雰囲気はかなりの都会です。

時刻は夜の7時頃だったでしょうか。記憶が定かではないのですが、たぶんタクシーで宿まで行ったような気がします。体感では5～10分ほど車に揺られ、宿の近くについたあたりで、ようやく記憶が鮮明になってきました。

私は宿の外観を見るのを楽しみにしていました。歴史的にも貴重な古い日本家屋がどんなものか、この目で確かめたかったのです。

まず玄関口のところには松が植えられています。漆喰とおぼしき白い外壁も、いかにも格式ある旅館という趣があります。

そう思いつつ、建物を見上げると……もう真っ暗で外観はよくわかりません。

宿に入り、とにかく部屋に通してもらいました。

玄関付近からして、伝統を感じるたたずまいです。

右手にはいかにも古そうな襖絵があります。四枚の襖を閉じると一枚絵の日本画になるのですが、渋い色合いが出ている絵具が時代を感じさせます。

階段の手前には大きな壺がありました。価値も時代も不明ながら格式のある

あけぼの旅館の玄関口。この晩は暗くて建物の全貌がわからなかったが、朝起きて確認すると実に立派な日本家屋だった（16ページ参照）

旅館だけに貴重なものに見えます。

部屋に入ると、すでにふとんが敷いてありました。部屋は大事に手入れされてきたことがうかがえる、歴史を感じる造りで、こういういい部屋に、夜から朝までの一瞬を過ごすだけというのはもったいない気がしました。

さて、落ち着いたら、食事です。

この宿には名物の鴨鍋があるそうですが、この日は素泊まりで頼んでいたので、食事はありません。

そんなわけで、すぐに食事をする店探しに出かけました。

## ちょっと物足りないのでラーメン屋をはしご

宿を出て、夜道を歩きます。このあたりは駅からは川向こうにあたる、やや離れたエリアなのですが、けっこう大きなアーケード商店街がありました。

アーチには「ＧＩＮＴＥＮＧＡＩ」（＝銀天街）とあります。

そう言えば、駅前にも商店街がありましたが、近いエリアに二つも三つも商店街があるということは、やはりかなり大きな街のように感じます。普通の田舎町なら、車で行ける場所にスーパーを兼ねた複合施設があるくらいでしょう。

アーケードを奥へと進んでいきます。郵便局、洋品店など通りに並んだ店舗は比較的新しいところが多いように思います。

通路も比較的新しめのタイル張りで、田舎にありがちなシャッター通りではない

夜の銀天街は人気もまばら

のが、都会的というか何というか。ただし、この時は夜なので銀天街はほとんど人が歩いていませんでした。

商店街をだいぶ行ったところに、私が好きな感じのラーメン屋を発見しました。

覗いてみると、店員がテーブルの上でメニュー札の手書き作業などをしています。「やってますか？」と声をかけたら、「どうぞ」と言って普通に入れてくれました。

カウンター席に座り、メニューを確認します。餃子でもつまみながら一杯ひっかけようかと思いきや、営業終了時間が近いのか、なんとなく長居をしてビールなどを飲む雰囲気でもなかったので、ここは普通の醤油ラーメンを注文しました。食べてみるとシンプルなオーソドックス系ラーメンでした。

少し飲もうと思っていたのができなかったので、宿に帰る途中、居酒屋でもないかと歩きながら探して歩きました。そうするうちに、またもラーメン屋を発見。いろいろおつまみも揃っていそうな感じだったので、入ることにしました。ここではラーメンを食べず、餃子を頼み、ちょっとビールを飲んで帰りました。

そして宿に到着。もう遅いのでお風呂に入って寝ることにしました。

お風呂は家庭用よりやや大きいくらいの広さでしたが、時間が遅いせいかほかの利用者はなく、一人でゆったりとつかりました（2022年現在、お風呂は改修されているようです）。

たまたまなのか、他にお客がいなかったのか、結局、翌日まで誰とも会うことはなく、宿を独占したような気分で一泊しました。

## 市内に現存する旅館としては最も古い家

それにしても、あけぼの旅館はどれぐらい前に建てられたのでしょうか。せっかく歴史的な宿に泊ったのですから、ぜひ由来を知りたいところです。

翌朝はかなり早い時間に部屋を出たのですが、女将さんが見送りに出てきてくれたので「この宿はだいぶ古いんですか」と聞いてみました。

すると、よくお客さんからそういうことを聞かれ慣れているみたいで、明治初期の建物が元になっているというような話を教えてくれました。後で調べたところ、改修などは施しているものの、当時の建物がほぼそのまま現存しているようです。

女将さんが「興味があるなら奥にも襖絵がありますからちょっと見ていきますか」と言ってくれたので、お礼を言って、案内されるまま奥へ進みます。もともと名旅館らしき格式が感じられる宿でしたが、裏に回ると確かにすごい襖絵がありました。

玄関口の襖絵と同じ作者でしょうか。絵柄は水辺で大勢の人が宴会をしている様子で、こちらの方が襖の枚数が多いぶん、さらに迫力があります。

中庭も凝っていました。渡り廊下のガラス窓の向こうにある、四方を建物に囲まれた小さいスペースには、石灯籠、岩、木などが配置され、なかなか趣のある雰囲気を醸し出しています。

この宿には「御宿帳」もありました。私は中を見ていませんが、宿泊客の名前を記すもののようで、陸軍大将・乃木希典さんをはじめ、歴史上の人物も数多くこの宿を利用したということです。

こうして20分程度の建物探訪が終了。女将さんとはゆっくり話す時間がありませんでしたが、ろくな知識もないまま、貴重な旅館に泊まることができたのは、ほんとうに幸運でした。大変お世話になりました。

館内の奥にある襖絵が歴史を感じさせる

その後、宿の外へ出ると、昨晩は暗くてわからなかった、あけぼの旅館の全貌を確認することができました。

時代を感じさせる古い日本家屋といった言葉がぴったりくるでしょうか。建物の構造としては、奥に大きな母屋、その手前に玄関、母屋の周囲はぐるりと壁に囲まれています。

おもしろいのは、母屋の二階の屋根の下に「曙」の一文字が書かれていることです。今ではあまり見ない書体なので、これだけで古い雰囲気が出ています。

母屋の外壁には、焼いた杉と思しき建材が使われていて、全体に木のぬくもりがあるのも、雰囲気があって好みです。

さらにその壁は年月を経過して色落ちしており実に渋いのです。旅館の入り口付近にある津山市が設置した案内版によると、市内に現存する旅館としては最も古い家だとか。

## 津山という城下町の個性とは

宿を出て、駅まではやや遠いものの、歩いてみることにしました。

すると、やはり歴史を感じる町並みが随所に残っています。津山は城西と城東があって、どちらかというと城東の方が古い家が多いのですが、私が今歩いている城西にもぽつりぽつりと昔の庶民の家が建っているのです。

例えばある通りでは、道の片側に二階建ての古い家が三軒ほど軒を連ねていました。何の情報もないので詳細は不明ながら、瓦の屋根や杉でできた外壁から推察するに、明治や大正あたりの建物ではないでしょうか。
道の逆側にはマンションやアパートなどの現代の建築物があり、古いものと新しいものが融合した景観が楽しめます。

古い旅館も発見。二階建てのこじんまりした建物で、入り口のガラス窓に金文字で書かれた「旅館お多福」の屋号が古くていい味を出しています。

この宿はかなり惹かれました。あけぼの旅館のような格式ある旅館と違って、主に庶民が利用する旅籠《はたご》風の宿だったからです。

調べたところ、創業80年以上で、建物が当時のままなのはもちろん、館内には歴史的な展示品もあるようです。中でも興味を覚えるのが、郷土の偉人などの書簡が読めること。加えて、書画や遺墨（先人が残した筆跡）などもあり、居ながらにして歴史に触れられるのは嬉しい限りです。

次に津山に来るならできれば泊まってみたい、などと思いました。

津山市内で偶然発見した旅籠風の宿「旅館お多福」

考えてみれば、こういう宿が普通にあるということが、津山という城下町の個性でしょう。歴史が古く、その景観を残そうという風土があるからこそ、街に風情が生まれるのでしょうか。私自身は、生まれ育った土地が江戸時代末期に開発された新開地なので、こういう歴史を感じる風情に魅力を感じるのです。

途中、吉井川という一級河川を渡る今津屋橋を通過。その手前にある「ごんご通り」という大きな商店街も通りました。

四車線の国道が走っていて、その両側の歩道が商店になっています。観光客を意識してのことか、すべての商店の屋根の部分が昔風の壁で統一されているのが、いい雰囲気を醸し出しています。

お土産物を買いたい人は、ここに立ち寄るのでしょう。私としては、さきほどまで古い町並みを堪能してきただけに、やや現実に戻される気分ではありました。

そうこうするうち駅に到着。津山は幕末の蘭学者・箕作阮甫《みつくりげんぽ》先生の出身地のようで、銅像がありました。

この人物は日本最初の医学雑誌を創刊したことと、ペリー来航時に米国大統領の国書を翻訳したことなどで有名です。まさに歴史上の人物ですが、本書のテーマとはあまり関係ないので、くどくど説明する必要はないかもしれません。気が付けば、名古屋に行く時間が迫っていました。

**津山　あけぼの旅館**

〒708-0037
岡山県津山市戸川町31
☎0868-22-2043

## 港町・鞆の浦をただやみくもに歩く

2015年9月、やはり仕事で広島の福山に一泊する機会がありました。じっくり旅館を選ぶ時間がなく、普通のビジネスホテルに泊まったので宿の話は省きますが、このときに立ち寄ったのが前から行ってみたいと思っていた鞆《とも》の浦《うら》でした。

福山の鞆の浦といえば、今は観光地になっていますが、古くからの漁港であり、歴史を感じる古い商家の町並みなども有名です。わかりやすいところでは、アニメ「崖の上のポニョ」のロケ地としても知られています（もっとも、宮崎駿監督は公式には認めていないようですが）。

私が訪ねた当時は、県道のバイパス工事に伴う埋め立て計画が問題になっていて、ちょっと心配していました。結局は景観保護を優先し、計画は変更されたようです。

## 坂本龍馬のいろは丸にゆかりの地

当日は仕事が終わったあとに福山城の近くのホテルに宿泊（余談ですが、ホテルの部屋から見える福山城はライトアップされておりました）。近所の居酒屋で食事をすませ、とっとと寝てしまい、いよいよ翌日に福山駅からバスで鞆の浦をめざしました。

約20分ほど車に揺られて、鞆の浦に到着。今回は何を見るかというより、鞆の浦という歴史のある港町に来てみたかっただけなので、特別目的地というものはありません。ただやみくもに町並みを歩いてみることにしました。

まずは海の方に進んでいくと、すぐ近くが港になっています。停泊している漁船を眺めながら、さらに歩いていたら、防波堤のところに「瀬戸内国立公園　鞆の浦」の看板を発見しました。いったいどこからどこまでが公園なのだろうと思って調べてみたら、沿岸部と沖の島一帯を指していることがわかりました。

湾の向こうには島々が見えます。最も大きい仙酔島から、つつじ島、皇后島、弁天島、玉津島、津軽島まで、とにかく陸から島が近いのです。こうした瀬戸内海ならではの光景に私が魅かれるのは先にも記した通りです。

鞆の浦は国立公園の他、国の名勝としても名高い

今度は街の方に行ってみます。すると、古い町並みがあるエリアにたちまち迷い込みました。各々の家々は津山の町中で見た民家とあまり変わりませんが、おもしろかったのは幅2メートルほどの石畳の小道に家々が軒を連ねていることです。

津山のような大きな街では家々が点在していたのに対し、こちらは密集しているので、下町のような雰囲気があるのです。ちなみに鞆の浦の区画は江戸時代からほぼ変わっておらず、当時の地図がそのまま現在の地図として通用するとのことでした。

それにしても、この街には猫が多いような印象を受けます。道行く人になぜ猫が多いのか疑問をぶつけてみたら、鞆の浦は知る人ぞ知る「猫の街」なのだと教えてくれました。鞆の浦には猫が集まるスポットがいくつもあり（中でも有名なのが、円福寺前の石段だそうです）、観光客はもちろん、近郊の方々が癒しを求めて訪れることも少なくないとのことでした。

石畳の小道には古民家が軒を並べる

猫が可愛くて思わずパチリ

試しに私も、どこかのお店のシャッターの前でゴロゴロしていた二匹の猫にカメラを向けてみました。一匹が茶虎で、もう一匹は黒猫。人に慣れているからか、まったく警戒する素振りはありません。

再び海の方に出ると、「いろは丸展示館」がありました。いろは丸は幕末に沈没した蒸気船で、事故当時、乗船していた坂本龍馬率いる海援隊が事故現場から最も近かった鞆の浦に上陸し、この地に坂本龍馬は4日間滞在したのだとか。館内には入りませんでしたが、鞆の浦は坂本龍馬のいろは丸にゆかりの地でもあるようです。

そこから少し歩いたところには、良さそうな雰囲気の食堂もありました。他の家々と同じく建物は時代を感じさせる古民家で、店前のお品書きを見る限り、小魚を使ったおばんさいなどもあるようです。

## 「三条実美さんたちが座って港を見ていたんですよ」

海岸沿いを歩いていると、港の先端に常夜灯がありました。江戸時代につくられたもので、高さは5・5メートル（海中の基礎から計ると全長11メートルにもなるそうです）。当時は今と違って電気がなく夜は真っ暗で、入港する船は先が見えず非常に危険なため、常夜灯の明かりを頼りに船同士の衝突や座礁を避けながら接岸していたようです。

現在ではその役割を終え、観光目的のオブジェとなっていますが、当時から港に入る全ての船を見守ってきた歴史の証人でもあります。何より、この常夜灯があることで、安心して漁に出かけ、生計を立てることが出来たのです。ある意味、港の常夜灯は鞆の浦のシンボル的存在と言えるでしょう。

近くに太田家住宅という古民家が見学できるようになっていたので、寄ってみました。庶民の住居とは比べ物にならない大邸宅で、玄関土間も格子柄とハイカラなことから、大金持ちの家であったことがわかります。国の重要文化財で、当時の商家の佇まいを伝える歴史的価値のある建物だそうです。

鞆港の「常夜灯」は
街のシンボル的存在

大田住宅は重要文化財に指定されている

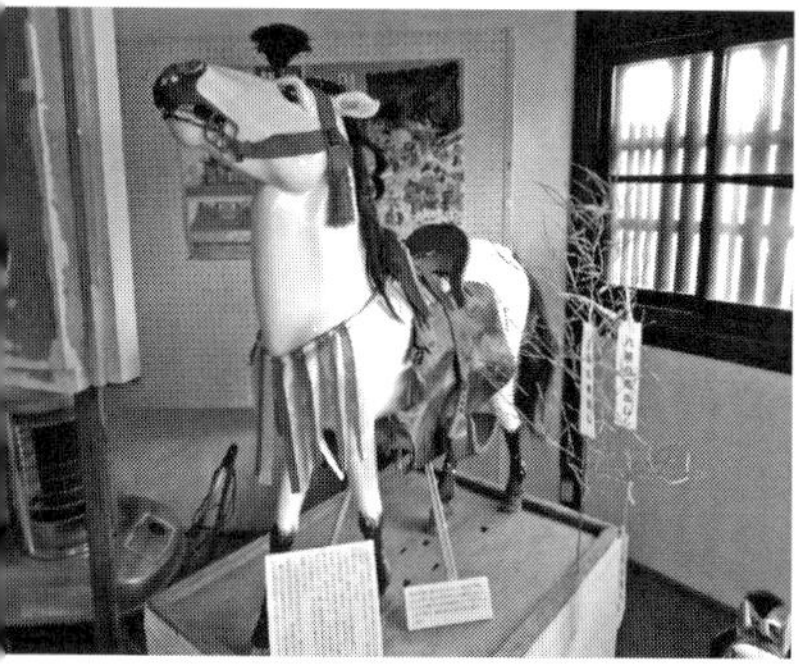
見学した商家には祭に使う
白い馬の模型が飾られていた

館内に入っていくと、ほかに数人見学客がいる中、おかみさんらしき人がいろいろ説明してくれました。ちなみに現在この屋敷には誰も住んでおらず、観光名所として営業しているそうなので、おかみさんと言っても屋敷にゆかりのある方ではなく、従業員かボランティアの方かもしれません。

その話によると、幕末に都落ちした尊王攘夷派の公卿7人が、長州に逃げる途中、鞆の浦に立寄り、一時休憩した家だそうです。見方を変えれば、高貴な人たちを迎え入れることが可能なほど、豪奢な家だったということになります。何より、すごい歴史の舞台だった建物が残っているということに驚きました。

「ほら、そこに座ると、出入り口を通して、港が直接見えるでしょう。ちょうどそのあたりに三条実美《さんじょうさねとみ》さんたちが座って港を見ていたんですよ」とおかみさん（らしき人）はまるでその場で見ていたようにいいますが、確かに座敷からふすまの間や出入口を通して港が見えるのです。

ここを出てからも歩いていると、内部が見学できる商家がいくつかありましたので、片っ端から立ち寄ってみました。江戸時代の商家が勘定や帳簿をつける時に使った帳場や、「八朔《はっさく》の馬出し《うまだ》」という鞆の浦ならではのお祭りで用いる白い馬の模型など、いろんなものが残っているようです。当時の庶民の生活が垣間見えて、かなり楽しめました。

しかしこれだけの歴史的価値がある町並みを、すべてではないにしろ、埋め立ててしまおうという計画は、やはり止めて正解だったと思います。

それはそうと、歩いている途中、町中に「保命酒《ほうめいしゅ》」という看板をいくつか見かけたので、名物なのかも知れません。そういうわけで、小さい瓶を1本買って、鞆の浦を後にしました。と、話を締めたいところですが、この話には続きがあります。

家に帰って保命酒について調べたところ、前述の太田住宅の持ち主だった太田家が1659年に考案した漢方薬酒で、これを飲んだ三条実美があまりの美味しさに感動し俳句まで詠んでいることわかったのです。

## 食事が豪華すぎるビジネス旅館

瀬戸内海といえば、四国の愛媛県も何回も訪問しています。2016年4月の今治《いまばり》行きは仕事の都合上、岡山経由で鉄道に乗って、瀬戸大橋を渡って現地へと向かいました。翌日に仕事の予定が入っており、それに間に合うように前泊するかたちでした。

愛媛県の今治にはいろいろ名物がありますが、私がすぐ思い浮かぶのが、今治タオルと宮殿のたれの宮殿工場です。今治タオルは生地がふわふわで吸収が抜群の高級タオルで、宮殿のたれの宮殿工場は文字通り焼き肉のたれなどを作る工場が宮殿を模した巨大な建物になっている、知る人ぞ知る有名な建物です。

**今治駅に着くと、バリィさんがお出迎え**

さて、このときの旅でやたらに目に付いたのがご当地キャラの「バリィさん」です。焼き鳥の町・今治をイメージした鳥のキャラクターで、名前はもちろん今治の「ばり」から取っています。今治駅に到着すると、まずいました。改札を出てすぐのところに身長約1メートルくらいのバリィさんの置物が設置されているのです。

台座のプレートには「今治観光大使」「伊予観光大使」を兼任、2012年の「ゆるきゃらグランプリ」を取っているとあります。でっぷりと太って腹巻きをしている親父臭い姿はなかなか愛らしく、焼き鳥の街のキャラクターが鳥というのもやや自虐的な意味があって面白いと感じました。

さて前記したように、このときは前泊なので、市内に宿泊するならどこでも良かったわけです。となれば当然、自分好みのボロ宿に泊りたい。問題はどのようなタイプの宿にするかで、かといってこれといったこだわりがあるわけでもありません。

前に今治駅近くで見かけた、魅力を感じた宿がいくつかあったのですが、いろいろ調査した結果、すごく安くて素朴そうな宿「ビジネス旅館　笑福」に決定し、予約しました。

場所は、駅よりもむしろ港の近くにある旅館です。港湾関係のビジネス客なども多そうですし、昨今はツーリングで利用するお客も増えているようです。

## 以前のフェリーターミナルは古くて渋い建物だったが

宿は駅からも十分歩ける距離なので、私は歩いて行くことにしました。

今治は瀬戸内海航路の拠点のひとつなので、港から多くの船か出ています。前に来た時にちょっと立ち寄ったことがあるフェリーターミナルに寄ってみると、以前の古びた懐かしい感じの建物が建て替えられていて、近代的なビルになっていました。後になってわかるのですが、当時のこのビルは建築の途中だったようです。言われてみれば確かにビルの中に人気はありませんでした。

その後、このビルはさらに全体的に建て替え、おしゃれな複合施設になったようです。今ではカフェやビアテラス、レンタルサイクルやラジオ局などのテナントが入り、地元の方や観光客の人気スポットの一つになっているんだとか。古いものが新しいものにとって変わられるのは仕方ないことですが、以前の溝口映画のような渋い雰囲気も捨てがたい。しかし、たまに来るだけの観光客ではなく、実際に地元で生活する人にとっては、少しでも便利に、新しくしていくというのは、より重要なことなのだと思います。

40分ほど街を歩いて、ホテルに到着すると、外観はまったく飾り気のない、まさにビジネス旅館という三階建ての建物でした。

まず建物の外壁はグレー一色の建材で出来ているため、二階部分の「ビジネス旅館笑福」の看板がなければまったく宿に見えません。

いったいどこから入ればいいんだろう。首をひねりつつ、ガレージから中へ入っていくと、ガレージ内の外壁の部分に、階段がありました。この駐車場から外階段を通って、2階へと上がった記憶があります。この後もやや記憶があいまいです。確か誰かにカギを渡され、部屋には一人で向かったような気がしますが、そういう形式も慣れているので当然のごとく上がり込みます。目を疑ったのは、部屋の間取りを見た時でした。

私としては勝手に狭い和室をイメージしていたのですが、通されたのは、なんと12畳くらいありそうな、だだっ広い部屋でした。何というゴージャスさ。シーズンオフの温泉旅館などで、大広間に通されること

宿で通されたのは想像以上に広くて綺麗な和室

もあり、以前には30畳くらいの広間に一人で泊まったこともありますが、こんな町中のホテルでこの広さは意外でした。

想像するに、ここに一人だということは、この日、宿泊客は少なかったということでしょう。要は、たまたま大部屋が空いていたので、宿の人がなるべく広い部屋に通してくれたのかもしれません。

ひとまず座布団に座って落ち着き、改めて部屋を確認します。お茶やお菓子、アメニティなどもちゃんと用意されています。すごく安い宿に泊まると、必要なものは自分で揃えることもあるのですが、そういう必要はありませんでした。

布団は部屋のすみにたたんでありましたので、いつでもセルフで横になれるという便利さもあります。

さて、この日は食事付きで頼んであったので、外に出かけることもせず、部屋でゆっくりと過ごしました。

## 刺身や煮魚のほか、鍋まで付いている

食事は内階段を降りた1階の食堂で取りました。畳敷きの食堂はかなりの広さがあり、間隔をあけてテーブルがいくつも並んでいるのですが、やはり、食事の準備をしてあるテーブルは1人分くらいで、宿泊客は多くない印象です。

それよりも驚いたのは食事の豪華さでした。

刺身や煮魚のほか、鍋まで付いています。料金の安いビジネス旅館でこのラインナップは正直、あまり見かけません。いかにこの旅館が食事を大事にしているかがひしひしと伝わってきました。

まずは刺身の二点盛りを口にしてみます。さすがは海の街らしく、どちらもとても新鮮です。煮魚も醤油で甘辛く煮つけられていて、身がほろほろほぐれて柔らかい。しかもけっこう大振りで食べ応えがあります。

魚の鍋はたぶんぶりしゃぶで、水菜、人参、しめじ、長ネギなどといっしょに味噌だれで頂きます。これも美味い。ご飯は炊飯器からセルフでおかわり自由。さらに茶碗むしと小鉢が二つ、食後のデザートには小さなフルーツの盛り合わせが付くから品数も豊富です。

にしても、安い料金なのに、こんな大盤振る舞いをして商売になっているのでしょうか。

これだけ食事がいいとなると、常連客が多いのかもしれません。どうせ同じ宿に泊るなら、サービスの良い方を選ぶのが当然だからです。その結果、料金を安くすることができ、食事も良くなるという好循環が生まれる……なんてことを考えつつ、思わずビールまで頼んでしまいました。

翌日の朝食も大変おいしく、しっかりいただきました。

朝からボリュームたっぷり

## しまなみ海道を自転車で渡る人たち

さて、この日は今治市内で仕事がありましたが、色々なところで「バリィさん」を見かけました。土産物屋からカフェ、飲食店のポスターまで。どうやら今治は街ぐるみでこのキャラクターを推しているようです。観光客にとっても、今治に来た気分になれるのでそれはそれでアリなんでしょう。

かくいう私も、仕事の合間に休憩で立ち寄ったカフェにて、バリィさんのラテアートは実際に注文してしまいました。店員さんが持ってきたコーヒーカップを覗くと、たしかにバリィさんの顔が描かれていました。コーヒーとミルクの茶色と白い泡で作られた顔の輪郭はやや微妙ながら、振りかけたココアパウダーでうまく目や口、王冠などを表現しています。味はまあ普通のカフェラテです。

他にも、土産物屋では、ついつい今治タオルも買ってしまいました。普通のタオルの1・5倍くらいの

しまなみ海道。自転車で瀬戸内海を渡る人も多い

価格はしますが、品質が良いので見合っていると思われます。それでも旅先でなかったら、買ったかどうか微妙なところ。お土産というやつはなぜあれもこれもと買いたくなるのでしょうか。

そして帰りはバスでしまなみ海道へ。本州から四国、その逆に四国から本州へと渡る際には、できれば飛行機などではなく、島伝い自動車道や船で渡るルートがなんともいえず楽しいわけですが……これにはちょっと説明が必要かもしれません。

しまなみ海道は愛媛県の今治市と広島県の尾道市をつなぐ全長約60キロの自動車専用道です。今治からだと、瀬戸内海に浮かぶ芸予諸島の島々を一つ、また一つと渡りながら広島県の尾道に向かうことができます。

当然、飛行機や電車に比べて時間はかかるのですが、瀬戸内海に浮かぶ各島の風景を楽むことが出来るので、観光客の間で人気が高いのです。私もこのル

ートが好きで、あえてしまなみ海道を選択しました。

ちなみにしまなみ海道は自動車専用道とは言っても、車道の脇には原付や自転車、歩行者用の道が設けられています。こちらは瀬戸内海の空気を肌で直接、感じることができるぶん、自動車よりもさらに楽しいと言えるでしょう。

当時はまだコロナ禍以前だったため、自転車で橋を渡る人がすごく多かった記憶があります。バスの車窓から、彼らが黙々と自転車をごく姿を眺めているうち、いつか私もチャレンジしてみたいと考えていました。

## 竹内まりやさんの実家の老舗旅館を見学

四国・中国の話のついでに、珍しく純粋観光で出《いず》雲《も》と松江《まつえ》を旅した時のエピソードを紹介します。〝ボロ宿〟には泊まりませんでしたが、島根県のホテルに滞在しながら、出雲市と松江市の観光スポットを巡ることにしたのです。2016年5月のことです。

島根県の出雲市と松江市はあまりにも有名な観光地です。出雲には日本で最も古い神社の一つと言わ

いかにも格式が高そうな
「竹野屋旅館」

**今治**
**ビジネス旅館笑福**
〒794-0017 愛媛県今治市
風早町2丁目1-16
☎0898-32-7555

れる出雲大社、松江には国宝に指定されている松江城があります。どちらも一般にも解放され、入場料さえ支払えば気軽に立ち寄れることから、毎年、多くの観光客が訪れています。

かくいう私も結局は誰でも立寄る出雲大社や松江城などに行ったわけですが、一応この本らしい見どころとしては、老舗旅館「竹野屋旅館」があります。出雲大社のすぐ前に建つ歴史を感じさせる旅館で、創業が明治10年、改修が行われながらも当時の建物がほぼそのままの状態で現存しています。

宿のHPによれば、皇族を始めとした様々な著名人が利用しており、高級感溢れる客室が格式の高い旅館であることを伺わせます。ちなみに竹野屋は、歌手の竹内まりやさんの実家としても有名です。私自身は出雲大社に行くのは3回目でしたが、この建物は初めてじっくり見てきました。

竹野屋は二階建ての大きな日本家屋で、出入り口は往来に面しているところに一か所、敷地内に入ったところにも一か所の合計二カ所。後者の敷地内の入り口の前には、立派な松が植えられ、大きな石灯籠などもあります。試しに出入口から中を覗くと、畳敷きの広いロビーが奥へと続いています。

そして最大の特徴は、建物の二階部分がほぼ全面ガラスの格子戸になっていることです。この時は昼間でしたが、夜になって辺りが暗くなると、館内の明かりが外に漏れ出して、建物全体が暗闇に煌々と浮かび上がります。その幻想的な光景は、宿のHPの画像を見るだけでもほれぼれするほどでした。

## 出雲そばにはどんな特徴があるのか

竹野屋を見終わったあと、私は次にどこへ行こうかと考えました。出雲大社にも行く予定ですが、それは後回し。時計を見たら時刻は昼の12時過ぎです。お腹も減ってきたので来るといつも食べてしまう出雲そばの店を探すことにしました。

このあたりは「出雲そば」が名物です。岩手県の「わんこそば」、長野県の「戸隠そば」と並び、日本三大そばの一つに数えられているという説もあるそうな。

通常、出雲そばは、そばの実を選別せずに殻のまま挽く「挽きぐるみ」という方法で作ったそば粉を使っているため、栄養価が高く、全体的に黒っぽい蕎麦になっているそうです。一般的な蕎麦と比べるとちょっとグレーがかった濃い色をしています。麺はやや太めです。

このあと、出雲大社の近くにある「島根県立古代出雲歴史博物館」で奈良・平安時代の出雲大社の模型を見ました。かつての出雲大社には「雲太《うんた》」と呼ばれる高さ約48メートルに及ぶ巨大な本殿があったようです。現在の本殿と当時のそれの違いも比較できて、歴史好きとしてはなかなか面白かったです。

さらに出雲大社からやや離れたところにある（車だと5分ほど）島根ワイナリーでワインを試飲してきました。試飲可能なのは10種類。

こうして周辺を楽しんでから、いよいよ出雲大社へ。境

出雲大社の鳥居は観光客でいっぱい

これが出雲そば。ボリュームはあるがペロリといける

内の舞台では「神代神楽《じんだいかぐら》の奉納」が行われていました。

簡単に言えば、神々に捧げる舞、となるでしょうか。舞台の上では、演奏者が奏でる笛、太鼓などに合せて、お面をかぶった2人の舞手が軽快な舞を披露していました。舞手が手に持った木の枝を振りかざしながら、お互いに体を当てたりする様子は、まるでケンカのようです。音楽もテンポがよく、お祭りに似たにぎやかさがあります。

この時期は大遷宮《だいせんぐう》を進めており、そのための奉納のようでした。要は、本殿を移動させたりすることに伴うお祭りです。この時期だけの行事ということもあってか、けっこう見学客が多かった記憶があります。その人混みに混じって、私も観光が楽しめました。

境内では神代神楽の奉納が行われていた

## 船の屋根をたたんで低い橋を通過する

松江ではやはり城好きなので、松江城を見学。ここも何回目かの訪問なので、格別のことはなかったのですが、この時、初めて松江城のお堀を遊覧船でめぐる「堀川めぐり」の船に乗ってみました。松江城のお堀は独特です。お城の敷地をぐるりと囲むのはもちろん、そこから別の水路が何本か出ていて、市街地へと伸びているのです。

遊覧船のシステムとしては、城の近くに乗船場があり、お堀を1周することもできますし、途中にもいくつか船着き場があるので、市街地で降りることも可能。私は松江城から乗って、市街地で降りることに

松江城は天守の黒い外壁が渋い

しました。

乗船場では、スタッフがお出迎えしてくれました。みなさん笑顔がとても素敵で、ほっこりした気分になります。

船に乗ると、ガイドのおかあさんが地元言葉を使いながら解説をしてくれます。適当に話しを聞いていたせいか内容はうろ覚えなのですが、松江城の石垣や周辺にある武家屋敷についてだった記憶があります。

私の乗った時は、ほかにカップル客がいたのですが、途中で降りてしまい、貸し切り状態に。

途中おもしろいのは、低い橋の下を通る時に、船の屋根をたたんで通過することです。橋によっては水面から橋下までが1メートル50センチくらいしかなく、これを通過するために船は上からぺちゃんこに潰されたような形状になります。

と同時に、乗客も普通に座っていることができないので、体を前か後ろに倒して通過するしかありません。ある意味、船に乗りながらアトラクションをやっているようなもので、それはそれで楽しむことができました。

遊覧船の乗船場にて

最後に降りる時、ガイドさんから「だんだん」と言われました。これは出雲弁で「ありがとう」という意味であることは、NHKの朝ドラで有名になりましたね。ちなみに作品名は同じく「だんだん」で、主演は双子の女性アイドルのマナカナちゃんです。

もっとも急に「だんだん」と言われても何と答えていいかわからず、ちょっと悩んで、「ありがとうございます」と標準語で頭を下げました。返しとしては正しかったのかどうか。芸人でもないので深く考えないことにいたします。

このあとは、やはり「武家屋敷」(施設名です)を見学。小泉八雲先生ことパトリック・ラフカディオ・ハーンの旧居なども例によって見てきてしまいました。いずれもべたべたな観光スポットなので説明は省きますが、それにしても松江は何回来てもいい街で、また行ってみたいと思ってしまいます。結局のところ私も他の観光客と大した違いはないのかもしれません。

このほかいろいろ回ったのですが、まあ観光客が行きそうなところばかりです。しかし、仕事を離れて気楽に旅をするというのも、あまりないだけに新鮮でした。たまにはこんな旅も悪くないかも。そう思いつつ松江を後にしました。

低い橋を通過するときは
この屋根を畳んで船の高さを調整する

# 改訂版 日本ボロ宿紀行

Travels to Raggedy Inns in Japan

2023年1月26日　第1刷発行

著　者　　上明戸 聡
発行人　　尾形誠規
編集人　　平林和史
発行所　　株式会社　鉄人社
〒162-0801 東京都新宿区山吹町332 オフィス87ビル3F
TEL 03-3528-9801　FAX 03-3528-9802
http://tetsujinsya.co.jp

デザイン　　鈴木 恵（細工場）
印刷・製本　株式会社シナノ

ISBN978-4-86537-253-3　C0026


＊本書は『日本ボロ宿紀行』（2017年7月）、『日本ボロ宿紀行２』（2018年2月、いずれも小社刊）を合本し、新規の原稿を追加したものです。
＊出版に際し、旧本の原稿は適宜、加筆、修正、削除等を行っています。



本書へのご意見、お問い合わせは直接、
小社までお寄せくださるようお願いいたします。